歴史REAL
ブックス

歴代天皇
125代の
謎

歴史REAL編集部 編

洋泉社

『御即位行幸図屏風』(左隻)。
明正天皇の即位を描く
(宮内庁蔵)

はじめに

初代神武天皇以来、脈々と続くとされる皇室。
天皇は、今上天皇でじつに百二十五代を数えます。
これほど長く血脈が続くのは、
他に類を見ないのは事実でしょう。
〝天皇〟という世界でも稀有な存在はなぜ、
ときに〝時代〟という荒波に翻弄されながらも、
かくも長きにわたり君臨し続けたのでしょうか。
歴代百二十五代天皇の足跡をたどることで、
その謎に少しでも迫りたいと思います。

歴史REAL編集部

平成2年(1990)11月12日、即位礼正殿の儀での天皇皇后両陛下(宮内庁提供)

写真が語る今上天皇の歩み

八十歳を超えて今なお精力的にご公務に励む今上天皇。そのご誕生から現在までを貴重な写真とともに振り返る。

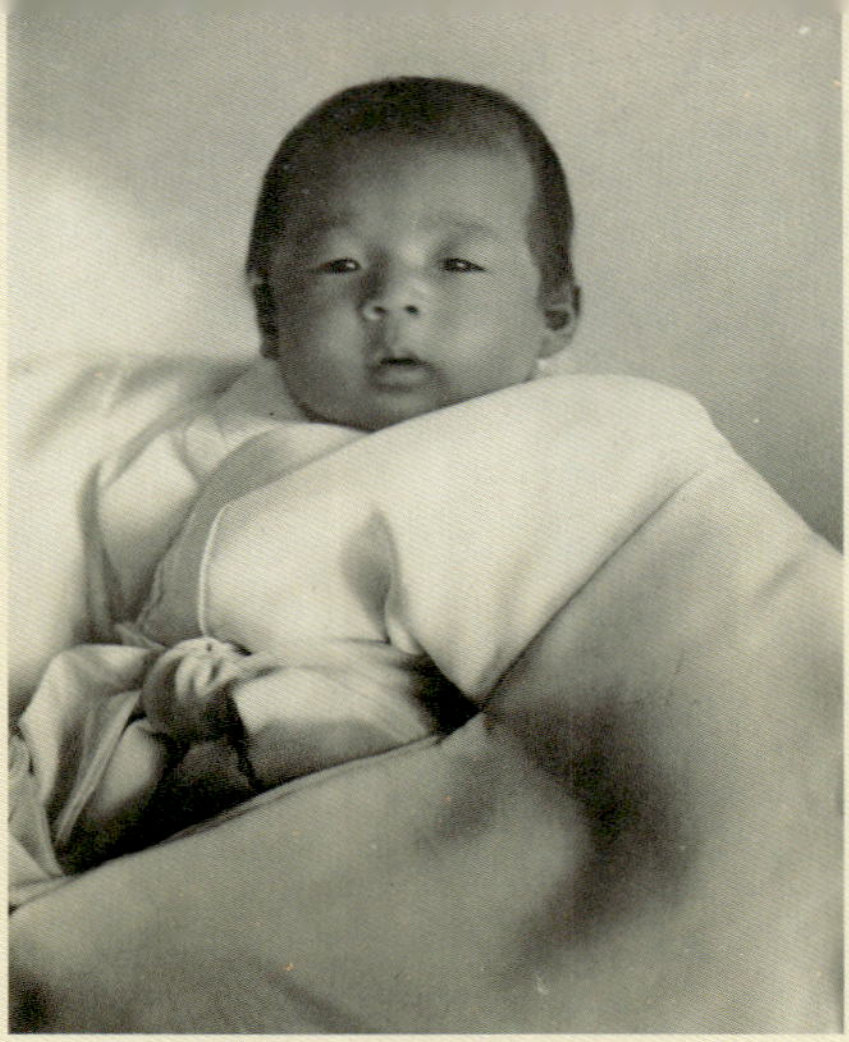

生後２カ月ごろの明仁親王

明仁親王は、昭和８年（1933）12月23日に誕生した（写真：宮内省）

家族とともに

昭和天皇を中心に集まったご一家。前列右端が明仁親王（昭和14年〈1939〉10月撮影。写真：宮内省）

昭和天皇と

戦後、昭和天皇が読む英字新聞をのぞきこむ明仁親王（代表撮影）

疎開先の明仁親王

昭和20年ごろ、日光田母沢御用邸に庭で撮影されたもので、終戦直前に宮内省が配布した写真（写真：宮内省）

家庭教師のバイニング夫人と

終戦後、昭和天皇の「西洋の思想と習慣を学ぶ」という方針によりアメリカ人のバイニング夫人が家庭教師についた（昭和21年10月ごろ撮影。写真提供：朝日新聞社）

戦争に翻弄された

幼少期

今《きん》上《じょう》天皇は昭和八年（一九三三）十二月二十三日、宮城《きゅうじょう》（皇居）で生まれた。二年前の昭和六年九月には満洲事変《まんしゅうじへん》、前年には五・一五事件、八年三月には日本が国際連盟脱退。国内外で緊張が高まるなか、皇太子となる継宮《つぐのみや》明《あき》仁《ひと》親王殿下ご誕生は、国民が待ちかねた明るいニュースだった。

二歳で二・二六事件、三歳で日中戦争勃発。学習院初等科二年の昭和十六年十二月八日には、太平洋戦争が始まる。八歳になる直前である。

学習院では明仁親王にのみ剣術、馬術、駆足《かけあし》の日課が課せられた。皇太子は「皇族身《しん》位《い》令《れい》」により、満十歳に達した後に陸軍と海軍の武官に任命される。それを視野に入れた軍事教練だった。だが学業優先を理由に任官は見送られ、今上天皇は近代初の軍歴のない天皇となった。

疎開先の奥日光では少年飛行兵の特攻訓練を目撃。来訪した陸軍中将に「なぜ日本は特攻隊戦法をとらなければならないのか」と小さな声で質問し、周囲をぎくりとさせている。

昭和二十年八月十五日の、終戦の玉音《ぎょくおん》放送は、奥日光で聞いた。幼時を過ごした赤坂の東宮仮《とうぐうかり》御所《ごしょ》は、同年五月二十五日の空襲で十六万六千の家々とともに焼失していた。

立太子の礼の奉告

昭和27年(1952)11月20日、立太子の礼が執り行われ、正式に皇太子となる。写真は、その奉告に伊勢神宮を参拝した際のもの(写真提供:朝日新聞社)

「皇室外交」の土台を築いた

青年時代

イギリス・バンバラ城前でアームストロング卿夫妻と

昭和28年(1953)、天皇の名代としてエリザベス女王戴冠式に出席するため初めて外遊に出た。写真は、同年5月31日に撮影されたもの(写真提供:朝日新聞社)

国賓や公賓を接遇《せつぐう》し諸外国を親善訪問する「皇室外交」は、天皇の重要な仕事である。今上天皇の外遊には、独身時代の一回を除き、常に美智子妃が同伴している。平成二十八年(二〇一六)三月までに二人が公式訪問した国は四十九カ国、「お立ち寄り国」を含めると五十六カ国に達した。

今上天皇初の外遊は皇太子だった昭和二十八年(一九五三)三月三十日から十月十二日まで。天皇の名代で英女王エリザベス二世の戴冠《たいかん》式に参列後、欧米十四カ国を歴訪した。

まだ終戦から十年足らず。厳しい対日感情も予想されたが、初々しくも堂々とした十九歳のプリンスは各所で温かく迎えられる。英王室主催の園遊会や晩餐会ではアジアやアフリカの王族とも親交を深め、ベルギーやノルウェーでも王族から歓待され、チャーチル英首相やアイゼンハワー米大統領とも面談。皇室外交の土台となる体験を得る。

またロンドンでネクタイと傘を、パリでは古本を自ら楽しげに買い、ニューヨークでは新作映画『ローマの休日』を鑑賞した。

だが二年に在学中の学習院大学政経学部は、単位不足で進級断念を余儀なくされる。

スペインのエル・エスコリアル宮殿にて

エリザベス女王戴冠式に出席された皇太子(当時)は、欧州12カ国とアメリカ、カナダを歴訪。まだ戦争の記憶が色濃く残るなか、応接した諸国は皇太子を天皇名代として温かく迎え入れた(昭和28年6月26日、代表撮影)

バイニング夫人との再会

ヨーロッパからアメリカへ渡った皇太子は、フィラデルフィアの空港でかつて家庭教師を務めたバイニング夫人の出迎えをうけた(昭和28年9月13日撮影。写真提供:朝日新聞社)

テレビ普及率を倍増させた
ご成婚

テニスコートで語らうお二人

軽井沢のテニス大会で知り合ったお二人は、おもにテニスで交際を深め、昭和34年(1959)1月14日、納采の儀を執り行った(昭和33年12月6日撮影。写真提供:朝日新聞社)

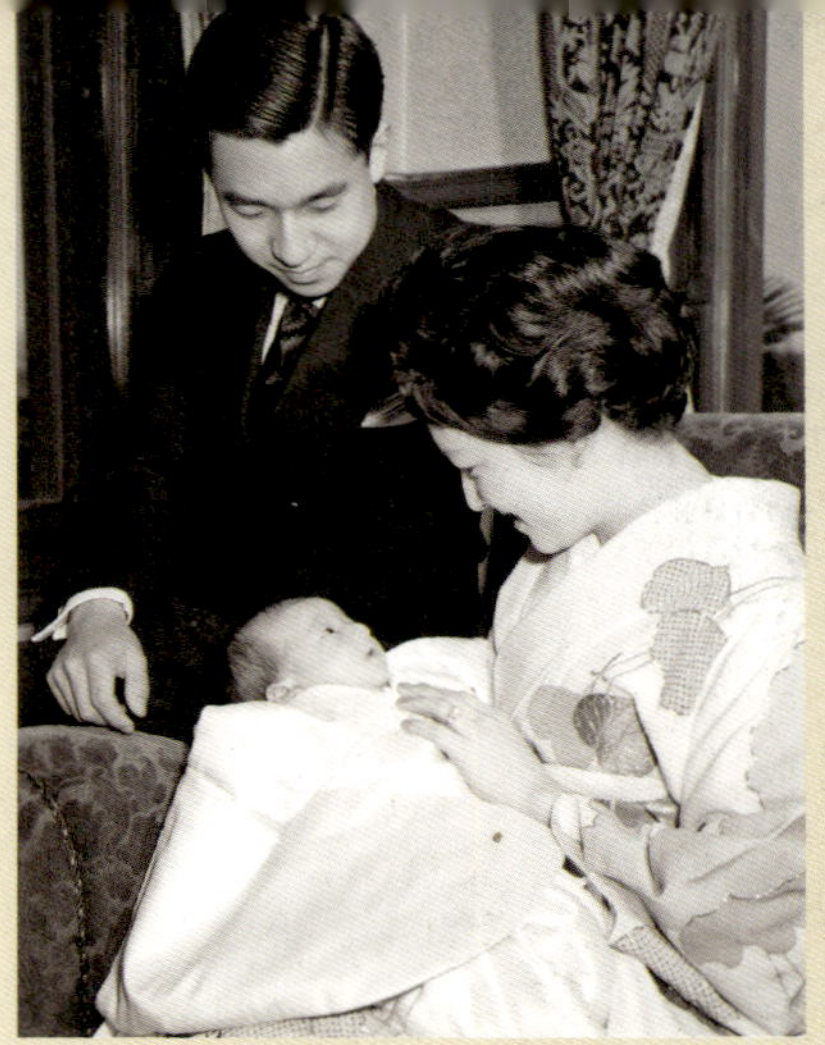

浩宮徳仁親王をあやすお二人

昭和35年2月23日、第一皇子・浩宮徳仁親王(現・皇太子)が誕生する(写真提供:宮内庁)

結婚の儀を終え、
馬車で東宮仮御所へ

昭和34年4月10日、結婚の儀が執り行われた。ご成婚のパレードで"ミッチー・ブーム"は頂点に達し、沿道にはおよそ53万人もの人びとが詰め掛けご成婚を祝った(写真提供:朝日新聞社)

結婚を迎えての記念撮影

左から、昭和天皇、皇太子（当時）、美智子妃、香淳皇后。「平民」から妃を迎えることに反対する意見に対し、昭和天皇は「皇室に新しい血を」と説得したという（写真提供：宮内庁）

昭和三十三年（一九五八）十一月二十七日、宮内庁は皇太子（今上《きんじょう》天皇）の婚約を発表する。お相手は日清製粉《にっしんせいふん》社長の長女、正田《しょうだ》美《み》智《ち》子《こ》。皇室と血縁もなく元華族でもない、「平民」である。皇室内外には反対の声もあった。だが国民は軽井沢のテニスコートから始まったロマンスに共感し、未来の妃殿下に憧れの視線を注いだ。「ミッチーブーム」の到来である。

相次ぎ創刊された週刊誌は、こぞってご成婚関連記事を書き立てた。同年二月の白黒テレビ世帯普及率は一〇・四％だったが、結婚中継特需で翌三十四年二月は二三・六％と倍増（内閣府調査）。これが呼び水となり昭和四十年には九割に達する。服装やアクセサリーはミッチースタイルと呼ばれて模倣され、婚約記者会見での受け答えの言葉は流行語にもなった。

政治学者の松下圭一は、皇室の正当性の基盤が「皇祖皇宗《こうそこうそう》」から「大衆的同意」に移ったと看破《かんぱ》、「大衆天皇制」という語を生み出す。

憲法第一条は天皇の地位を「日本国民の総意に基づく」とする。ブームという国民総意の一イメージの出現は、皇室が開かれたひとつのしるし、と見ることもできよう。

結婚の儀は翌三十四年四月十日である。

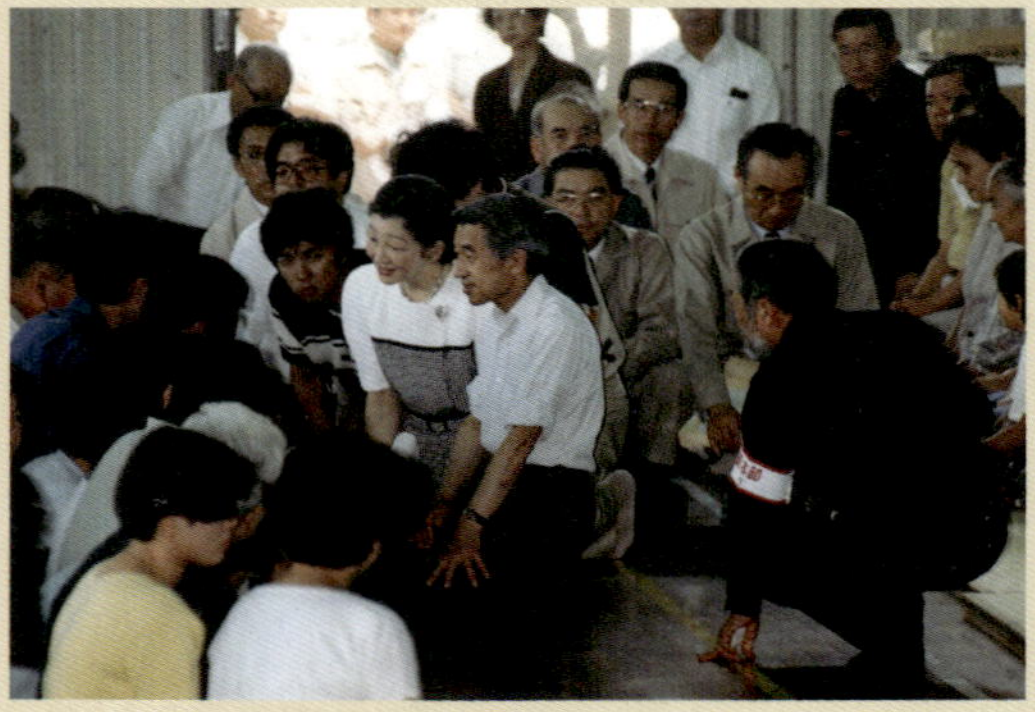

雲仙普賢岳噴火の被災地を見舞う両陛下

平成３年（1991）７月10日、避難所となっている島原市の体育館を訪れた天皇・皇后両陛下は、文字どおり“膝をつき合わせて”避難住民を見舞った（写真提供：朝日新聞社）

戦後初めての沖縄訪問

皇太子時代の昭和50年（1975）７月、戦後、皇族として初めて沖縄を訪問した。写真は、同月17日、糸満市の「ひめゆりの塔」を訪れた際のもの（写真提供：朝日新聞社）

国民とともに――各地をめぐる天皇

巡幸

今《きん》上《じょう》天皇は、即位後の十五年間で四十七都道府県すべてを巡幸《じゅんこう》した。多くは皇后をともなった行幸啓《ぎょうこうけい》である。

毎年の国民体育大会、全国植樹祭、全国豊かな海づくり大会に出席する「三大行幸啓」のほか地方事情の視察もあり、平成五年（一九九三）には歴代天皇として初めて沖縄訪問を果たした。昭和五十年（一九七五）の皇太子時代、皇族として戦後初の訪沖をした際には、ひめゆりの塔で火炎瓶を投げられた。しかし翌年一月には早くも再訪している。

今上天皇が極めて精力的に行っているのが災害慰問である。平成三年の雲仙《うんぜん》普賢岳《ふげんだけ》噴火に際しては、避難民の前に膝をついて励ます姿が国民を驚かせた。それまでは、天皇が国民の前で膝をつくなど考えられないことだった。平成七年の阪神《はんしん》・淡路《あわじ》大震災の折も二週間後には現地に入り、スリッパも履かず避難所の板張りの床に正座して被災者の話に耳を傾ける姿が国内外に報じられた。

この、国民と苦楽をともにする姿勢は、平成二十三年の東日本大震災の折、皇居が計画停電対象外であったにもかかわらず、四月末まで自主停電を行ったことにも現れている。

バンザイ・クリフを訪れた天皇・皇后両陛下

戦後60年にあたる平成17年（2005）、両陛下はサイパン島慰霊の旅に出かけられ、戦没者に祈りを捧げた（写真提供：朝日新聞社）

◉今上天皇略年表

年号	西暦	事柄
昭和8	1933	12月23日、明仁親王（今上天皇）ご誕生
昭和27	1952	11月10日、明仁親王成年式・立太子の礼
昭和28	1953	3月30日から10月12日まで、初の外遊。ヨーロッパ12カ国およびアメリカ、カナダを歴訪する
昭和34	1959	4月10日、正田美智子さん（皇后）とご結婚。7月15日、美智子妃のご懐妊が発表される
昭和35	1960	2月23日、徳仁親王（現・皇太子）ご誕生。9月22日から10月7日まで、美智子妃とアメリカを訪問
昭和40	1965	11月30日、文仁親王（現・秋篠宮）ご誕生
昭和44	1969	4月18日、清子内親王（現・黒田清子さん）ご誕生
昭和50	1975	7月17日から、海洋博覧会ご主席のため、立太子後、初めて沖縄を訪問。同日、ひめゆりの塔を訪れた際に過激派のメンバーが火炎瓶を投げつける「ひめゆりの塔事件」が起きる。9月30日、皇太子が国事行為臨時代行に（10月14日終了）
昭和64	1989	1月7日、昭和天皇崩御。皇太子明仁親王が即位
平成元	1989	1月11日、即位後朝見の儀
平成2	1990	6月29日、文仁親王、川嶋紀子さんとご結婚。11月12日、即位礼正殿の儀
平成3	1991	2月23日、皇太子徳仁親王、立太子の礼
平成5	1993	6月9日、徳仁親王、小和田雅子さんとご結婚
平成6	1994	6月10日から天皇皇后両陛下、アメリカ訪問。10月2日からはフランス、スペインを訪問
平成17	2005	6月27、28日に天皇皇后両陛下、サイパン島を訪問
平成23	2011	東日本大震災にともない、被災地の宮城（4月27日）、岩手（5月6日）、福島（5月11日）をお見舞い

入門セミナー

第1部

はじめに――002

写真が語る
今上天皇の歩み――004

ゼロからわかる
天皇家をめぐる基礎知識――015

古代天皇と王権をめぐる謎――025

概説 さまざまな視点から人間の営みとして見直す

神武天皇／応神天皇／雄略天皇／継体天皇／崇峻天皇／孝徳天皇／天智天皇
天武天皇／聖武天皇／称徳天皇／光仁天皇／平城天皇／朱雀天皇／花山天皇

歴代天皇総覧 初代～七十代――059

歴史REAL ブックス

歴代天皇
125代の
謎

COLUMN　欠史八代は実在したのか？――074

第2部

武士との対立をめぐる謎――075

概説　対立だけでは語れない天皇と武士の関係
後三条天皇／鳥羽天皇／後白河天皇／後鳥羽天皇／後嵯峨天皇／後醍醐天皇
後小松天皇／後土御門天皇／正親町天皇／後陽成天皇／後水尾天皇／後桃園天皇

歴代天皇総覧　七十一代～百二十代――113

第3部

近代日本の出発をめぐる謎――127

概説　主体性を発揮した四代の天皇

孝明天皇／明治天皇／大正天皇／昭和天皇

COLUMN　江戸時代に復活した女帝　140

第4部

天皇に隠された謎と真相

神功皇后は天皇だったのか?　142
神話の時代から伝わる神器のもつ意味とは?　145
天皇の号は何を意味するのか?　148
なぜ、明治時代に南朝は正統とされたのか?　151
皇位継承略図　154
執筆者紹介　158

本書は2013年11月刊行の洋泉社MOOK『歴史REAL 重大事件でたどる歴代天皇125代』をもとに新規原稿を加えて再編集したものです。

入門セミナー

ゼロからわかる天皇家をめぐる基礎知識

記・紀神話と天皇はどんな関係なのか?

天皇の由来を語る神話

『古事記《こじき》』は和銅《わどう》五年（七一二）に成立した現存最古の歴史書であり、『日本書紀《にほんしょき》』は『古事記』に遅れること八年の養老四年（七二〇）にまとめられた最初の六国史《りっこくし》（正史）である。これら記・紀はいずれも神代《かみよ》から叙述が始まっている。つまり、神話からスタートしているのである。その大筋はというと、天地開闢《かいびゃく》から国土の生成へとつづき、さらに三貴子の誕生・アマテラスの天岩屋《あまのいわや》隠れ・ヤマタノオロチ退治・オオクニヌシの国づくり・国譲り・天孫降臨《てんそんこうりん》と展開され、そののち日向《ひゅうが》三代となり神武《じんむ》へと移り天皇の時代となる。そして、『古事記』は推古《すいこ》天皇、『日本書紀』は持統《じとう》天皇まで叙述している。

いずれにしても、記・紀神話においては、カオスの状態から国土の成り立ちをのべ、「日本」という国ができるまでを語るとともに、天皇家の由来の正しさを主張するという目的が大きいことはたしかである。

最終的には、オオクニヌシによってつくりあげられた日本列島を、高天原《たかまのはら》のアマテラスが譲りわたすことを要求し、その結果として自らの孫にあたるニニギを天降りさせる。そして、その子孫が初代天皇である神武ということになる。つまり、神武天皇は、日本列島の支配の正統性をすでに神話によって保証されているわけである。

万世一系を強調する記・紀

このことは、とくに『古事記』の構成をみると明らか

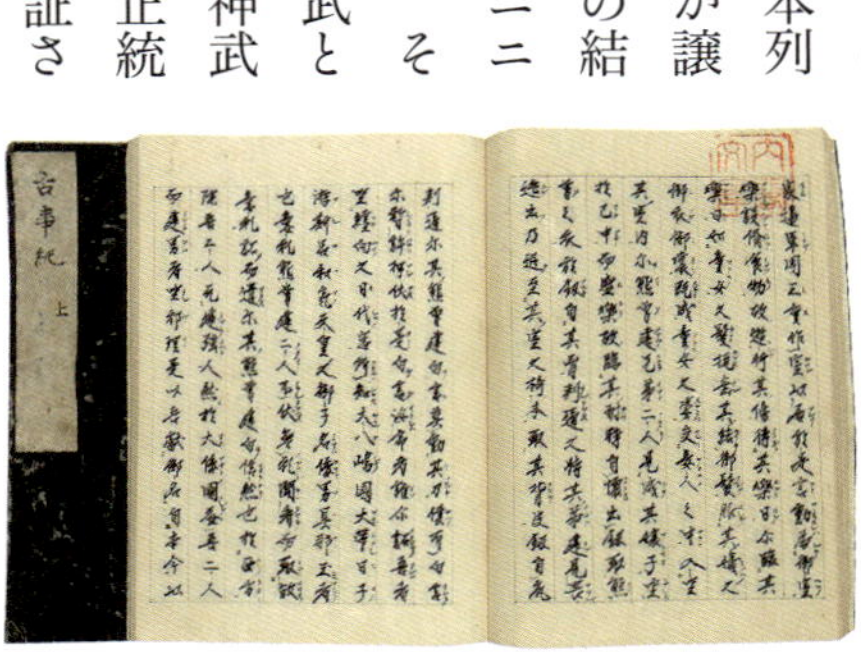

『古事記』
慶長19年（1614）の写本
（国立公文書館蔵）

である。『古事記』は上・中・下巻からなっているが、このうち上巻は神代にあてられている。そして、中巻が神武天皇から始まることになる。これは、上巻において、日本列島は神がみの時代にすでに天皇家の祖先によって支配されるものとなっていることを物語っていることに他ならない。それを受けて、中巻からは初代天皇の神武に始まる天皇の時代が展開されていくのである。

記・紀の編さん者たち

『日本書紀』編者で天武天皇の子・舎人親王と、『古事記』編さんにかかわった稗田阿礼(左)・太安万侶(模写。東京大学史料編纂所蔵)

記・紀の思想は、神武から始まって天皇は「万世一系《ばんせいいっけい》」ということであるが、実際にどうであったかというと、諸説がみられるというのが実状である。

そのなかでも、初代神武から九代開化《かいか》までの天皇については架空で実在しなかったとするのが大方である。つまり、実在したのは十代の崇神《すじん》天皇からであろうというわけである。

こうした点をふまえて、戦後すぐに水野《みずの》祐《ゆう》博士によってとなえられたのが、三王朝交替説である。これによると、十代崇神から十五代応神《おうじん》までがひとつの王朝、十六代仁徳《にんとく》から二十五代武烈《ぶれつ》までがひとつ、二十六代継体《けいたい》以降がひとつ、というように天皇家は三つの王朝から成り立っており、おのおのの王朝は血縁的に関係をもたないということになる。三王朝交替説に対しては、近年、断続した王朝ととらえるよりも王統が変わったとみるほうが妥当であるという批判も強いが、いずれにしても、百二十五代にわたる天皇の実在・非実在は大きな謎といえる。

「天皇」号のはじまりと由来とは？

「大王」から「天皇」へ

現在、あまり考えずに天皇というい い方をしているが、古代にさかのぼると、もともとは「大王《おおきみ》」と称していたと考えられる。それでは、いつから天皇と呼ばれるようになったのかというと、七世紀後半の四十代天武《てんむ》のときとするのが有力である。天皇という称号は、当初は主として外交用とされたといわれ、六七四年に唐《とう》が皇帝の呼び名を一時的に天皇に変更したことが原因という説もある。

それでは、天皇という称号は、何に由来するのであろうか。この点については道教《どうきょう》の影響ともいわれている。そのひとつとして、道教では、天皇・地皇《ちこう》・人皇《じんこう》（中国の伝説上の皇帝）をひとまとめにしていうことがあり、このなかの天皇に由来するというのである。また、道教では北極星を神格化したものが天皇大帝《てんのうたいてい》であり、ここからきているともいわれる。

天武は、八色《やくさ》の姓《かばね》の制定者としても知られるが、このなかで八種類の身分の第一は真人《まひと》である。真人とは、道教において修行をつむことでなれる仙人のこととされ、このことをみても天武は道教の知識があり、しかもかなり精通していたと思われる。

天武天皇（？～686）

壬申の乱に勝利して皇位を継承した天武は、天皇専制、中央集権化を推し進めた（矢田寺蔵）

「天皇」と記された木簡

明日香村の飛鳥池工房遺跡で発見された木簡。667年を示す木簡も同時に発見されており、天武天皇を指す可能性が高いとされている（奈良文化財研究所提供）

ちなみに、道教は大化《たいか》前代にすでに日本列島に伝播《でんぱ》しているが、仏教や儒教とくらべると表層的に社会に及ぼした影響は大きくないようにみうけられる。しかし、文化の深層にしっかりと根をはり、その影響は現代にまで及んでいる。

たとえば、大安・仏滅といった日柄を気にする発想や丙午《ひのえうま》の女性は亭主を食い殺すなどの干支《えと》にまつわる話も道教が背景にある。筮竹《ぜいちく》占いや方角の良し悪しもそうである。このように道教は、一見派手ではないが、私たちの文化にしっかり根づいているといえるのである。

なぜ遷都は行われるのか?

かつての皇居は一代限りだった

一般に天皇の住居を宮や皇居と呼んでいる。四十代の天武天皇までは、宮は一代ごとにつくり替えられた。たとえば、初代とされる神武の宮は、畝傍橿原宮《うねびのかしはらのみや》とされるし、四十代天武の場合は、飛鳥浄御原宮《あすかのきよみはらのみや》である。なぜ天武までの天皇（大王）が宮を新しくするのかについては、いくつかのことがいわれている。

もっとも素朴なものとしては、宮自体が簡素なものであったので、一代ごとにつくり替えられたというもので、建物の耐用年数ということになろう。また、新天皇が立つと、自分の本拠地に宮をつくったため、宮が替わることになったともいわれている。さらに、前天皇の死によって生じたケガレを避けるために新しく宮をつくったという説もある。

こうした考えのほかに、宮を新造することによって、天皇の霊力を一番原初の状態にして、最大のものにするということもいえるのではなかろうか。これは、神社の遷《せん》宮《ぐう》にもあい通じるところがある。

昨今、伊勢《いせ》神宮や出雲《いずも》大社といった古社の遷宮が執り行われ、あらためて遷宮に対する人びとの関心が高まったが、実は遷宮の理由について明確な答えは出されていない。

そのなかで有力な理由のひとつとして、社殿を新しくすることで神の霊力も創建当時のもっとも強力であったときに立ちかえるというものがあげられている。

宮についてみるならば、その後、四十一代持統《じとう》のときに藤原京《ふじわらきょう》へと遷都される。

藤原京は中国の経書《けいしょ》『周礼《しゅらい》』などの影響を受けているといわれ、都城制《とじょうせい》をもった最初の都であった。しかし、天皇の住まいや官衙《かんが》などを含んだ大内裏《だいだいり》が民衆の居住区である京城の中心に配置されていたこともあって、騒音、異臭や衛生面などの問題点があり、四十三代元明《げんめい》天皇のとき、平城京《へいじょうきょう》に遷都された。

その後、都は四十五代聖武《しょうむ》のとき、恭仁京《くにきょう》・難波宮《なにわのみや》・紫香楽宮《しがらきのみや》など点々としたが、五十代桓武《かんむ》のとき長岡京《ながおかきょう》を経て平安京《へいあんきょう》へと遷都された。

平安京はその後、長く都でありつづけ、八十一代安徳《あんとく》のときに平清盛《たいらのきよもり》によって一時、福原京《ふくはらきょう》へ遷都されたものの半年ばかりで平安京へもどり、百二十二代明治天皇によって、明治元年（一八六八）に東京が事実上の都となり、今日にいたっている。

CG復元された藤原京

中国の都城を参考にして造営された日本で初めての本格的な都。京域のほぼ中央には、政治の中枢機関であり、天皇が住む藤原宮がおかれた（奈良産業大学・橿原市提供）

皇位継承の資格はどう定められたか？

近代に明文化された継承順位

皇位の継承やその順序については、近代になるまで明文化されたルールはなかった。一般には男系で皇親の身分をもつものが皇位についた。女帝も認められており、とくに古代においては、推古・皇極《こうぎょく》（斉明《さいめい》）・持統・元明・元正《げんしょう》・孝謙《こうけん》（称徳《しょうとく》）というように六人八代の女帝がみられる。また、近世には、百九代の明正《めいしょう》、百十七代の後桜町《ごさくらまち》とふたりの女帝が即位している。

江戸から明治へと時代が移ると明治二十二年（一八八九）に旧皇室典範《こうしつてんぱん》が定められた。その第一条に、皇位は「祖宗ノ皇統ニシテ男系ノ男子之ヲ継承ス」とあり、男性しか即位が認められなくなった。また、皇位の継承順序は、直系長系長子優先とされ、兄弟間などの同等間では、嫡庶長幼《ちゃくしょちょうよう》の順と定められた。

敗戦後、日本国憲法によって、「皇位は、世襲のものであって、国会の議決した皇室典範の定めるところにより、これを継承する」とされた。ここにみられる皇室典範とは、昭和二十二年（一九四七）に施行された現行の皇室典範のことである。その第一条には、「皇位は、皇統に属する男系の男子が、これを継承する」とあり、女性の即位は認められていない。

また、皇位継承の順序としては、皇長子、皇長孫、その他の皇長子の子孫、皇次子及びその子孫、その他の皇子孫、皇兄弟及びその子孫、皇伯叔父及びその子孫の順とされている。

これを現在の皇室にあてはめると、継承順位一位は皇太子徳仁《なるひと》親王（今上天皇の第一皇男子）、二位は秋篠宮文仁《あきしののみやふみひと》親王（今上天皇の第二皇男子）、三位は悠仁《ひさひと》親王（今上天皇の皇孫）、四位は常陸宮正仁《ひたちのみやまさひと》親王（今上天皇の皇弟）、五位は三笠宮崇仁《みかさのみやたかひと》親王（今上天皇の叔父で昭和天皇の皇弟）ということになる。

古代天皇の権力は強かったのか?

時代により差がある天皇の存在と権力

　戦後、昭和天皇によって「人間宣言」がなされるまで、天皇は神、すなわち現人神《あらひとがみ》とされてきた。これは一見すると古代からの天皇の本質的性格のように思われるが、それは正しいとはいえない。

　その証拠のひとつとして、暗殺された天皇が二名いることをあげたい。二十代安康《あんこう》と三十二代崇峻《すしゅん》である。安康は義理の息子となった眉輪王《まよわおう》に寝首をかかれて殺されたことになっており、崇峻は蘇我馬子《そがのうまこ》に命じられた東《やまとの》漢直駒《あやのあたえこま》によって殺されている。とくに崇峻の時代には馬子の方が、天皇より強い権力をもっていたというのが実状であろう。

　天皇の権力を急激に上昇させたのは、四十代の天武《てんむ》である。六七二年の壬申《じんしん》の乱に勝利して皇位についた天武は、有力豪族にはばかることなく、皇后の鸕野皇女《うののこうじょ》(のちの持統)とともに皇親政治を推進した。治世中に大臣を任命しなかったり、八色《やくさ》の姓《かばね》の制定などはその具体的なあらわれである。天武・持統朝に「大君《おおきみ》は神にしませば」で始まる歌がつくられるようになるのも天皇権力の高まりを物語っている。つまり、天武のときにこうした天皇を現人神とする考えが高まったとみてよいであろう。

野口王墓古墳

天武・持統の合葬陵で八角形の墳丘であったとされる(奈良県明日香村)

　しかし、古代を通じて天皇が唯一の権力者であったかというとそうともいえない。奈良時代からの藤原氏の台頭、そして、平安時代の藤原北家《ほっけ》による摂関《せっかん》政治、さらには上皇《じょうこう》による院政の開始などをみてもそのことは明らかであろう。

　さらに、鎌倉時代に始まる武家政権の台頭は、天皇権力のいちじるしい低下をまねき、天皇を政治から排除し、学問や有職故実《ゆうそくこじつ》の世界へと追いやることになる。

明治以降の天皇の役割とは？

戦前と戦後で激変した立場

明治時代になると、ふたたび天皇に注目が集まるようになる。近代国家の樹立を急ぐ伊藤博文《いとうひろぶみ》らは、天皇を頂点として富国強兵をはかり、強力な立憲国家の形成をめざした。

憲法発布の式典への行幸

式典に向かう明治天皇（『憲法発布鳳輦御臨幸図』静岡県立中央図書館蔵）

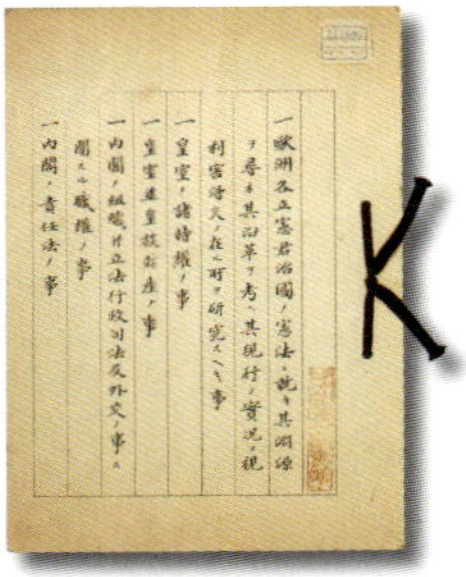

一欧洲各立憲君治国ノ憲法ニ就キ其淵源ヲ尋ネ其沿革ヲ考ヘ其現行ノ実況ヲ視利害得失ノ在ル所ヲ研究スヘキ事
一皇室ノ諸特権ノ事
一皇室並皇族歳費ノ事
一内閣ノ組織并立法行政司法及外交ノ事ニ関スル職権ノ事
一内閣ノ責任法ノ事

伊藤博文に下された勅書

欧州に憲法調査のため向かう伊藤に与えられたもの。この調査を基礎に、欽定憲法がつくられた（国立国会図書館蔵）

伊藤は憲法の制定準備のためヨーロッパにわたり、プロシア（ドイツ）とオーストリアに約一年半滞在し、プロシアの宰相《さいしょう》であったビスマルクらの助言を受けた。憲法学者ではベルリン大学教授のグナイストに憲政の運用論の指導を受け、ウィーン大学教授のシュタインからはプロシア憲法について教授された。

帰国した伊藤は、ロエスレル、モッセといった法学者たちの尽力のもと、プロシア憲法をモデルとした欽定《きんてい》憲法を明治二十二年（一八八九）に制定した。大日本帝国憲法（明治憲法）がこれである。この憲法の第一条には、「大日本帝国ハ万世一系ノ天皇之ヲ統治ス」とあり、さらに、第四条には、「天皇ハ国ノ元首ニシテ統治権ヲ総攬シ」とあって、天皇が唯一の統治権者と定めている。

戦後、こうした天皇の役割は大きく変化することになる。すなわち、昭和二十二年（一九四七）に施行された日本国憲法では、日本国の象徴とされ、憲法改正・法律・政令や条約の公布、国会の召集、衆議院の解散など十項目にわたって示された国事に関する行為を内閣の助言と承認のもとに行うことが役割とされている。

女性天皇の是非が議論される理由は？

皇位継承者の不足を補う？

現行の皇室典範《こうしつてんぱん》では、皇統に属する男系の男子のみが皇位を継承できることになっている。つまり、女性は皇位を継ぐことはできないことになっている。しかし、現在の状況をみると皇族男子で若い方がほとんどおられない。そこで、女性の天皇の是非《ぜひ》をめぐって議論が起きた。この議論は秋篠宮《あきしののみや》家に悠仁《ひさひと》親王が誕生したことによって下火となった。

しかし、皇位継承資格者が少ないという事情が解消されたわけでなく、女性天皇についての議論の必要性は残されたままである。

また、女性の皇族は、現行の皇室典範では結婚によって皇族の身分を離れることになっているが、これについても結婚後も女性皇族としての身分の維持や女性宮家の設立を説く意見もだされている。

未婚の女性皇族

	お名前	生年月日
東宮（皇太子）家	愛子内親王	平成13年（2001）12月1日
秋篠宮家	眞子内親王	平成3年（1991）10月23日
	佳子内親王	平成6年（1994）12月29日
三笠宮家	彬子女王	昭和56年（1981）12月20日
	瑶子女王	昭和58年（1983）10月25日
高円宮家	承子女王	昭和61年（1986）3月8日
	絢子女王	平成2年（1990）9月15日

天皇ご一家

昭和37年（1962）、皇居の庭園で。徳仁親王（現皇太子）がお生まれになって2年がたったころの一家団欒のご様子（宮内庁提供）

第1部

古代天皇と王権をめぐる謎

古代

初代神武天皇から70代後冷泉天皇まで

概説

「古代」の天皇を知るために

さまざまな視点から人間の営みとして見直す

いつの世も正史は勝者の歴史

古代の王権を探るとき、我々はどうしても大王家・天皇家の権力構造を考えざるを得ない。なぜならば、古代の文献史料は、『古事記《こじき》』『日本書紀《にほんしょき》』『続日本紀《しょくにほんぎ》』などに限定され、その他の木簡《もっかん》史料・碑文《ひぶん》や考古学資料も、基本的にはこれら文献の補足史料として利用されるからである。そして、こうした文献史料は大王（天皇）家を中心に記述されているため、ある種の方向付けがなされている。つまり、大王（天皇）の行う政治が正しく、それに背《そむ》く存在は悪である、という価値判断が存在する。

中国の正史を見てもわかるように、歴史を編《あ》む側は勝者であり、歴史は勝者に都合よく記述される。これは否定しがたい真実である。「勝てば官軍」という論理が時代を超え、国を超えて生きているのである。しかし、真実は別のところに存在することもまた否定することのできない事実である。戦争に勝者と敗者がいても、どちらが正しくどちらが間違っているということがいえないのと同じように、歴史上の出来事の正邪は決めがたく、さまざまな視点から見直さなければならない。

出来事だけを追うべからず

歴史学は科学的方法論に則《のっと》って研究されるものであるが、歴史そのものは人間の営みにほかならない。人間は理性をもった存在ではあるが、ときに理性をなくした行動をとる時もある。そうした事象の存在を念頭に置かなければ、理論だけの机上《きじょう》の空論が生まれてくる。

たとえば、天智《てんじ》はなぜ唐《とう》と戦ったのかという歴史上の出来事を論理だけで解釈しても実態には迫れないのである。その時の天智のおかれた状態、人間関係、年齢、国内状況、対

八咫の火祭り

熊野に上陸した神武天皇一行を、神の使いである八咫烏（やたがらす）が導いた、という神話にちなみ、熊野の大斎原の大鳥居で毎年8月に行われている地域の祭り。天皇125代の歴史のオープニングといえる、初代・神武天皇の東征譚は、いったい何を意味するのか（熊野本宮観光協会提供）

難波宮跡

大阪湾に面した難波（大阪市）は、海上交通の要衝、あるいは防衛の拠点として古代から、孝徳や聖武などの天皇によって何度も宮が築かれた。現在、一部が難波宮史跡公園として整備されている（©（公財）大阪観光局）

外状況など、さまざまな要因を考慮しなければ、現実にはありえない結論を導き出しかねないのである。

とくに開闢《かいびゃく》以来、平安にいたるまでの王権における事件は、推測に頼らざるを得ない部分もあり、これが真実といいきるのはむずかしい。しかし、ときに従来の説とは異なる視点で捉え直してみることも必要である。いろいろな可能性が歴史にはあり、それは今日にも生かせるものであるのだ。

古代

初代

神武天皇

「東征神話」に隠された天皇誕生の物語

▼じんむてんのう
▼在位：紀元前六六〇～紀元前五八五
▼父／天津日高日子波限建鵜葺草葺不合命　母／玉依毘売命

【業績】

『日本書紀《にほんしょき》』によると、四十五歳のときに日向《ひむか》の高千穂《たかちほ》から、「東に都に適した地がある」として東征を開始。苦難の末に大和にたどり着き、初代天皇となった。即位した二月十一日は現在も建国記念日とされる。

神話と歴史をつなぐ謎の初代天皇

神武《じんむ》は天皇家の初代として『古事記《こじき》』『日本書紀』に記述されている人物である。

「神倭伊波礼毗古命《かむやまといはれびこのみこと》」と名付けられている。天照大神《あまてらすおおみかみ》の命を受けた彦《ひこ》火瓊瓊杵命《ほのににぎのみこと》が降臨し、木花咲耶姫《このはなさくやひめ》との間に火遠理命《ほをりのみこと》をもうける。この後、火遠理命→天津日高日子《あまつひこひこ》波限建《なぎさたけ》鵜葺草《うかや》葺不合命《ふきあえずのみこと》→神倭伊波礼毗古命と直系でつながる。天孫降臨の瓊瓊杵命から四代目が神武という流れである。

この系譜の形成には天神《あまつかみ》と海神《わたつみ》の婚姻譚、あるいは異類婚姻譚が繰り返されている。古代、有力者が自分の祖先を「神」と語ることもそれほど珍しいことではない。その祖先が大蛇・熊・狼・鰐《わに》などの生き物であることもしばしば見いだせる。のちの大王家が、いつの時点かで、自分の祖先を天神と称しても、それはあくまでひとつの物語であり信仰であるから、なんら問題はない。むしろ神話の時代と歴史時代をつなぐミッシングリンクは必要であり、神武はその意味で大王家にとっては重要な存在である。

神格化されつつも人間として描かれる

しかし、それと現実の天皇家の歴史とはまったく異なるものである。人間はどこまで遡《さかのぼ》っても人間である。神に到達することはない。物語のなかでも、神武は強敵・長髄彦《ながすねひこ》には敗北し、兄も亡くし、天の使いである八咫烏《やたがらす》の先導で、どうにか大和《やまと》入りを果たすという弱々しさを見せている。神武もまた人間として描かれているのである。

神武の物語の重要なファクターは、西域から東に移動した部族がいたという部分である。

それを取り上げたのが、考古学者の江上波夫《えがみなみお》氏で、氏は騎馬民族説を唱えた。

今では否定されているが、とても魅力的な学説で根強いファンもいる。しかし、神話・伝承を学術的に解釈するのは甚《はなは》だ危険である。神武の存在を前提にしてしまう危険性を孕《はら》んでいるからである。神武神話を研究する際、「神武」に込められたファクターのみを抽出する必要があろう。

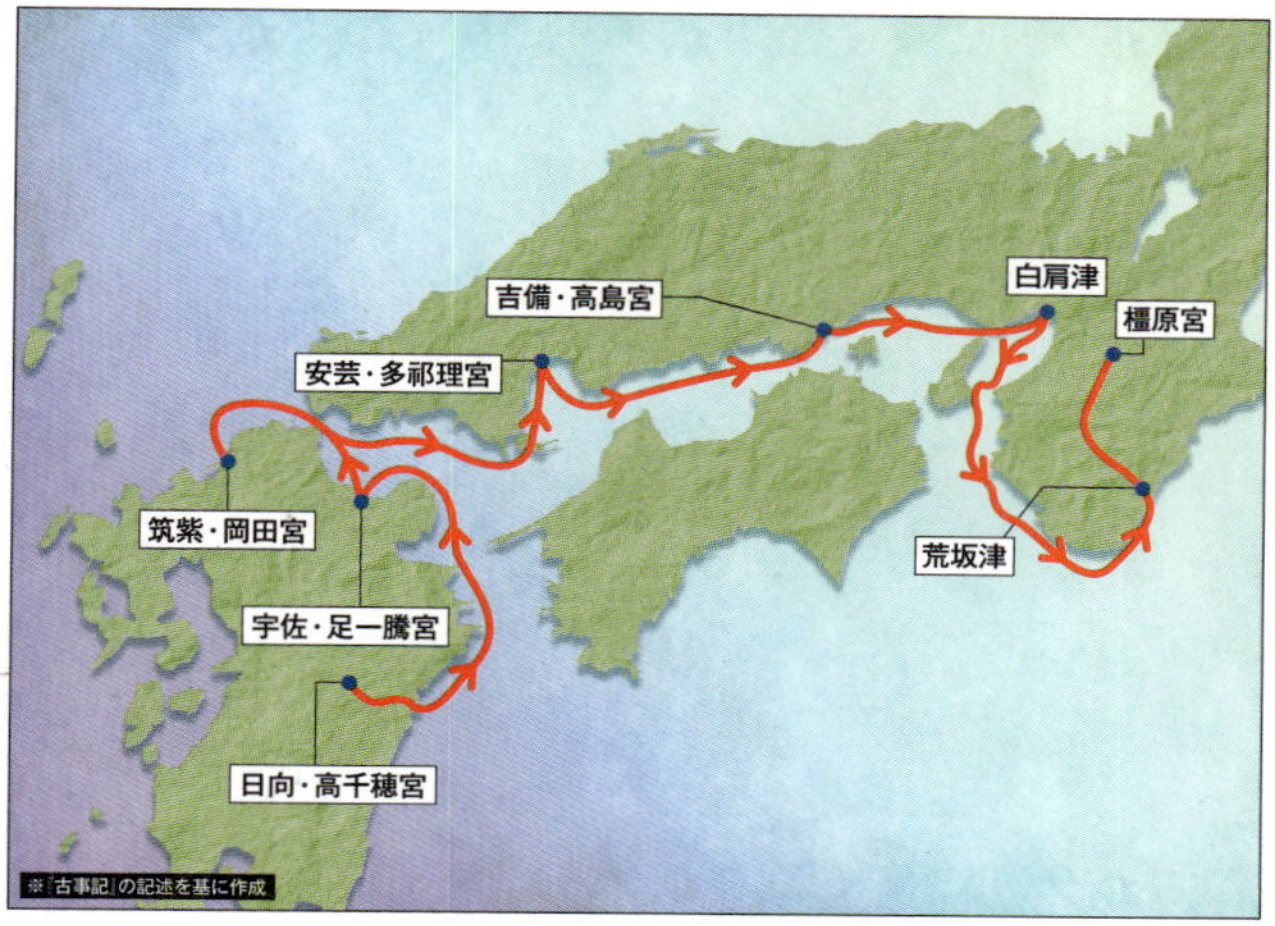

神武天皇東征図

日向の高千穂を発った神武一行は、筑紫の宇佐を経て瀬戸内海を進み、安芸・吉備に数年ずつ滞在しながら東進した。やがて浪速の白肩津から上陸するも、在地勢力の激しい抵抗に遭い、いったん撤退。太陽を背にして戦うべし、との忠言によって紀伊半島を迂回し、熊野から大和をめざした

●神倭伊波礼毗古命
『古事記』では「神倭伊波礼毗古命」、『日本書紀』では「神日本磐余彦尊」と表記されている。

●天津日高日子波限建鵜葺草葺不合命
本文中の表記は『古事記』によるもので、『日本書紀』では彦波瀲武鸕鷀草葺不合尊（ひこなぎさたけうがやふきあえずのみこと）と称される。

●長髄彦
神武天皇の東征に抵抗したヤマトの豪族で、浪速から上陸した神武一行を一度は撃退した。しかし、最終的に物部氏の祖とされる主君の饒速日命（にぎはやひのみこと）に裏切られて殺害された。

●八咫烏
熊野に上陸した神武一行を、大和の地まで道案内したとされる三本足のカラス。

●騎馬民族説
日本の統一国家を建設したのは、大陸から渡来した北東アジア系の騎馬民族とする説。戦後間もなくに発表されたときには一大センセーションを巻き起こしたが、現在では否定的な見解が大勢を占めている。

高千穂神社

神武天皇が住んだ高千穂宮址と伝えられる(宮崎県高千穂町。高千穂町観光協会提供)

古代

15代 応神天皇

地盤は九州だったのか？ 母・神功皇后と「新羅征伐」の謎

▼おうじんてんのう
▼在位：二七〇～三一〇
▼父／仲哀天皇　母／神功皇后

宇美八幡宮にある産湯の水

神功皇后が応神天皇を生んだ地に建てられたと伝わる宇美八幡宮。境内には、誕生の際に産湯として使ったという水場がある（福岡県宇美町）

【業績】

神功《じんぐう》皇后が三韓征伐《さんかんせいばつ》の際にすでに身ごもっていたことから胎中《たいちゅう》天皇とも称される。全国の八幡神社に祀られる武神・八幡神は応神天皇だとされる。神功皇后の腹心・武内宿禰《たけしのうちのすくね》を父とする見方もある。

異母兄との戦いが唯一国内のエピソード

応神《おうじん》の本名は不明である。ホムダワケというのは尊称で本名ではない。父は仲哀《ちゅうあい》大王、母は三韓征伐伝承をもつ神功皇后である。つまり、応神は神功のお腹にいたときから朝鮮半島と深い関係があったという伏線が張られているわけである。「応神紀」には朝鮮三国の記事が多い。興味深いことに、父・仲哀、母・神功の両紀にも大和《やまと》国の記事がほとんどない。

仲哀は即位後すぐに越《こし》国から白鳥献上の記事があり、南海道の巡幸が行われ穴門《あなと》国豊浦宮《とよらのみや》（現・下関《しものせき》市）に行き、そのまま筑紫《つくし》の橿日宮《かしいのみや》で崩《ほう》御《ぎょ》してしまう。神功皇后は熊襲《くまそ》をはじめとする九州の諸豪族を平定し、和珥津《わにつ》（現・対馬《つしま》市の鰐浦《わにうら》）から船出して新羅《しらぎ》を平定して帰国する、という内容である。ここまでは、まったく大和はおろか畿内《きない》の話も出てこない。

　わずかに神功の凱旋《がいせん》の途次《とじ》、大阪湾周辺での麛坂《かごさか》・忍熊《おしくま》の二王の反乱があり紀伊《きい》国が登場するだけである。そして再び話は半島に移り、百済《くだら》との交流、新羅の再征で終わる。

三韓との深い関係は何を暗示するのか？

「応神紀」も百済関係記事で始まり、武内宿禰の筑紫派遣記事に続き、日向《ひむか》の髪長媛《かみながひめ》の話となる。舞台はいずれも九州である。そして百済からの弓月君《ゆづきのきみ》の渡来記事となる。間に吉備《きび》国の兄媛《えひめ》の記事が挟まるが、枯野《からの》という早船建造に話題は移り、新羅征討、高句麗《こうくり》・百済との交流の記事となる。

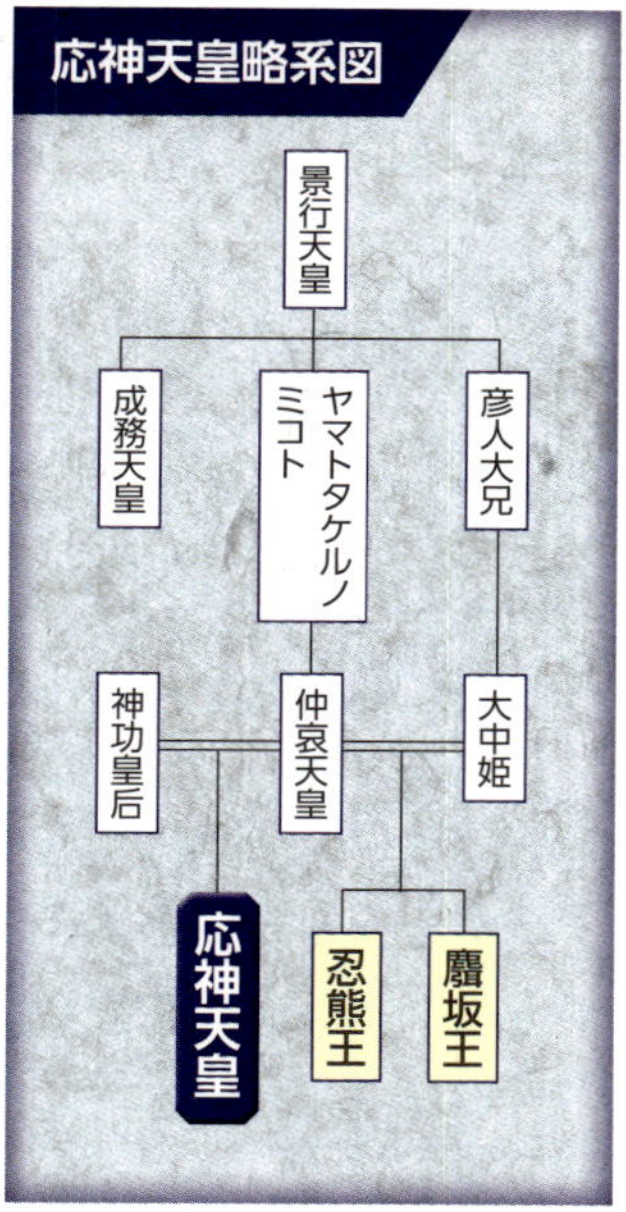

　このように見てくると、仲哀・神功・応神の親子の王朝は、不自然なほど朝鮮三国との関係記事に占められている。もちろんこれらをすぐに史実とするわけにはいかない。新羅征討ということを認めるならば、彼らの拠点が正確にはどこにあり、どれだけの経済力と軍事力を有していたか。また、半島へ渡るに際してのルートは確保されていたか。造船技術・航海技術はいかほどであったかを明確にしていかなければならない。むしろ、九州での記事が多いことを重視するならば、はたして応神の拠点が、単純に大和といってよいのかという疑問が生じてくる。『日本書紀《にほんしょき》』編者も研究者も、万世一系主義に立つため、王権のあり方を単純化する傾向があるが、それは歴史学としては危険なあり方であろう。

●熊襲
九州西南部に住み、ヤマト王権に与しなかった人びとの総称。

●武内宿禰
景行・成務・仲哀・応神・仁徳の五代の天皇に仕えたという伝説的な人物で、紀氏や葛城氏、蘇我氏など古代の名族の始祖とされる。

●髪長媛
『日本書紀』によれば、美人の誉れ高く、応神天皇が召し出そうとしたが、皇子（のちの仁徳天皇）がいたく気に入ったため、皇子の妃としたという。

●弓月君
百済から渡来した集団の長で、秦氏の祖とされる。

●兄媛
応神天皇の妃のひとり。

古代

21代 雄略天皇

大悪と後世に称された「王族・豪族討伐事件」

▼ゆうりゃくてんのう
▼在位：四五六～四七九
▼父／允恭天皇　母／忍坂大中姫命

【業績】

先代・安康《あんこう》天皇の同母弟で、謀殺を繰り返し大王の座に就いたと伝えられる。記紀には暴君の描写が多いが、ヤマト王権が権力を確立・拡大する過渡期における強硬的な政治姿勢を反映する、との見方も多い。

「雄略」はなぜ大悪と記されたのか？

雄略《ゆうりゃく》天皇はいわゆる「倭《わ》の五王《ごおう》」のひとり「武《ぶ》」に擬《ぎ》される人物である。雄略が武に比定されるのは、その倭風諡号《わふうしごう》が「大泊瀬幼武《おおはつせのわかたける》」であるという一点にある。

それはともかくとして、雄略の即位前紀には恐るべき事件が記されている。彼は眉輪王《まよわおう》が安康大王を殺害した事件を契機に、兄二人と眉輪王・葛城円大臣《かづらきのつぶらのおおおみ》・黒彦王子《くろひこのみこ》、市辺押《いちのへのおし》磐《は》王子、御馬《みま》王子たちを殺害している。つまり、自分が大王位に就くに際して邪魔になりそうな人物はすべて殺害しているのである。『日本書《にほんしょ》紀《き》』にも

「天皇、心を以て師としたまふ。誤りて人を殺したまふこと衆《おほ》し。天下、誹謗《そしり》て言《まお》さく、大《はなは》だ悪しくましまス天皇なりと」

と記されているほどである。

これらの記事をどのように解釈するかは非常にむずかしい。暴虐《ぼうぎゃく》だけの人物が大王として認められるはずがない。『日本書紀』編者が雄略を「大悪《だいあく》天皇」と表記した意図はどこにあり、雄略と同時代の人びとはなぜ彼を大王に戴《いただ》いたか、それが解かれなければならない。

雄略が営んだ泊瀬朝倉宮址と推定される地の発掘の様子（奈良県桜井市。奈良県立橿原考古学研究所提供）

“戦いの時代”の記述が意味するものとは？

その後の雄略紀には、葛城山《かづらきさん》の◉一《ひと》言主神《ことぬしのかみ》との対話、◉吉備前津屋《きびのさきつや》の討《とう》伐《ばつ》、高句麗《こうくり》の討伐、新羅《しらぎ》征討記事などが続く。

要するに雄略の時代は、軍事的な時代であったということである。

しかし、雄略紀の記事をそのまま信用することはできない。新羅征討に関しては、派遣将軍の名前が紀小《きのお》弓宿禰《ゆみのすくね》・蘇我韓子宿禰《そがのからこのすくね》・大伴《おおともの》談《かたりの》連《むらじ》・小鹿火宿禰《おかひのすくね》などと具体的であり、戦闘記事も具体的な地名に基づいている点は無視できない。

だが、新羅との戦いの目的が何であり、結果がどうなったかが記されていない。たんなるお話で終わっている。

歴史的に、対外戦争がなんの目的もなく、結果もないということはありえない。

そうした現実的な側面を固めていかない限り『日本書紀』の記事をそのままには信用してはならないであろう。

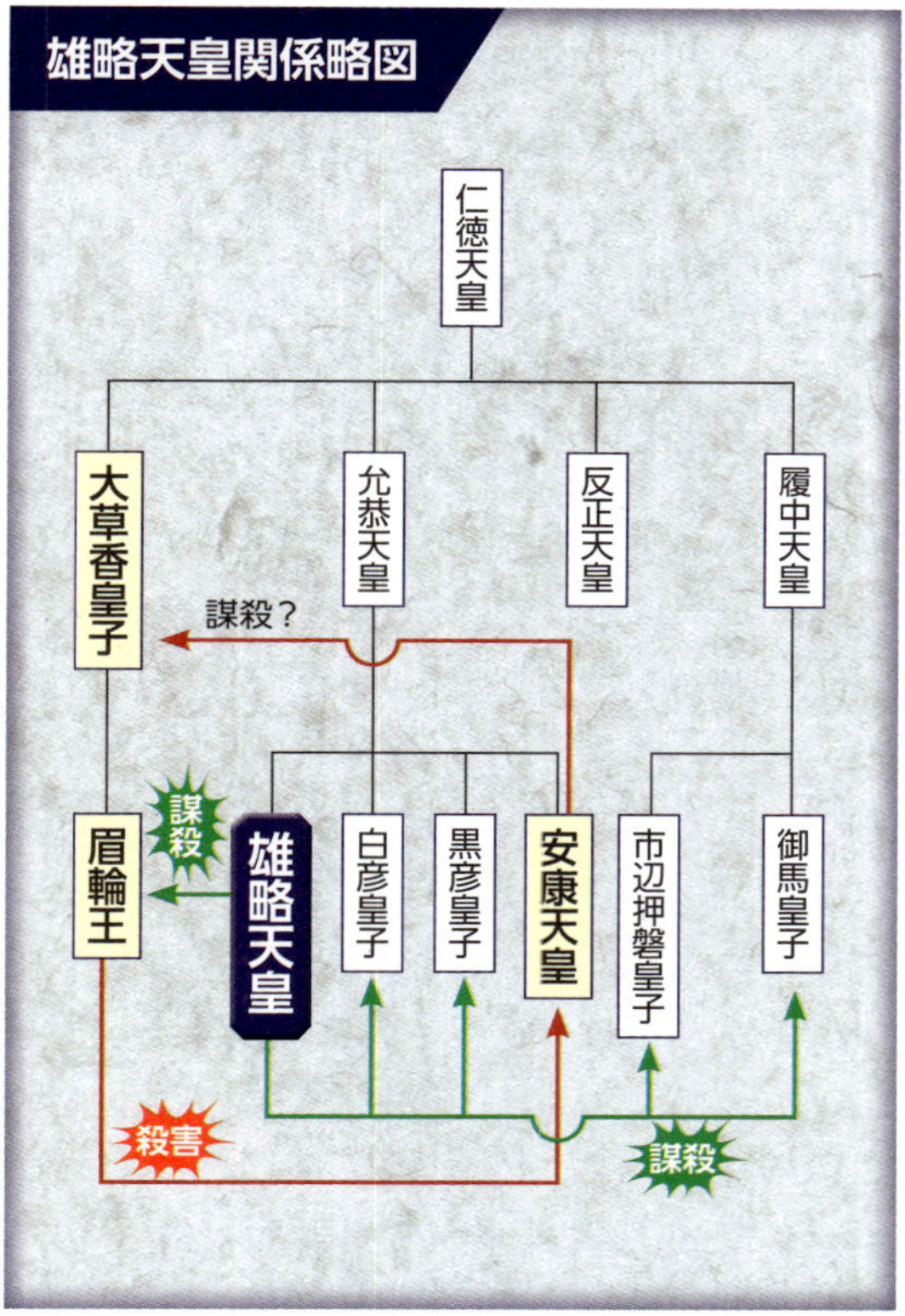

◉眉輪王
仁徳天皇の孫で、父・大草香皇子が安康天皇に謀殺されたことを知り、睡眠中の安康を刺殺したとされる。

◉一言主神
雄略天皇が葛城山に鹿狩りに行った際に出会ったという神。

◉吉備前津屋
吉備の国造（くにのみやつこ＝地方の首長）だったともいわれ、雄略天皇に反抗的な態度を見せたことから誅殺された。『日本書紀』に載るこのエピソードは、当時のヤマト王権と吉備の微妙な関係を暗示しているともいわれる。

古代

26代 継体天皇

越前から来た大王は「王位簒奪」したのか？

▼けいたいてんのう
▼在位：五〇七～五三一
▼父／彦主人王　母／振媛

【業績】

出自が不確かで、五〇七年に即位したものの二十年後に大和《やまと》入りするまで河内《かわち》や山城《やましろ》など周辺を転々としたことから、継体の即位は地方豪族による「王朝交替劇」だったという見方もある。

謎を深める三つの疑問

継体《けいたい》大王は、『日本書紀《にほんしょき》』によれば、本名・男大迹《おほど》、父は彦主人王《ひこうしのおう》、母は振媛《ふりひめ》となっており、本人は応神《おうじん》の五世孫とされている。大和王朝の武烈《ぶれつ》大王が崩御《ほうぎょ》した後、後継者がいなかったため、大連《おおむらじ》・大伴金村《おおとものかなむら》が越前《えちぜん》三《み》国《くに》（現在の福井県坂井市付近）から男大迹を迎えたという。

継体に関する謎は三つある。ひとつは血統が伝承どおりかどうか、ふたつ目は大和入国に即位後二十年の年月がかかっていること、三つ目は崩御にあたって『百済本記《くだらほんき》』を引用して「日本の天皇及び太子・皇子がそろって死亡した」という記事を掲載していることである。

もっとも注目すべきは、継体朝には朝鮮半島記事が詳細に記述されていることと、筑紫君磐井《つくしのきみいわい》の乱が勃発したことであろう。

第一の問題は、じつはあまり議論しても意味のないことである。五代前の血筋を証明することはできないし、たてまえ上、継体は仁賢《にんけん》大王の娘・手白香王女《たしらかのひめみこ》を正妻に迎えて欽明《きんめい》をもうけている。これで十分であろう。要は実力である。

第二の問題は、継体が大和以外の勢力であったことの表現の一種と見るべきであろう。ほかから勢力を引き入れる場合、抵抗勢力が存在しても当然である。年数や地名に惑わされず、本質を史料から読み取るべきである。

不可解な死は内乱か客死か

第三の問題はもっとも大きく、かつて林《はやし》屋《や》辰三郎《たつさぶろう》氏によって「継体・欽明朝内乱」説が提示された。簡単にいうと、外来勢力である継体とその息子ふたりを暗殺して、母系で大和王朝につながる欽明を即位させたというものである。

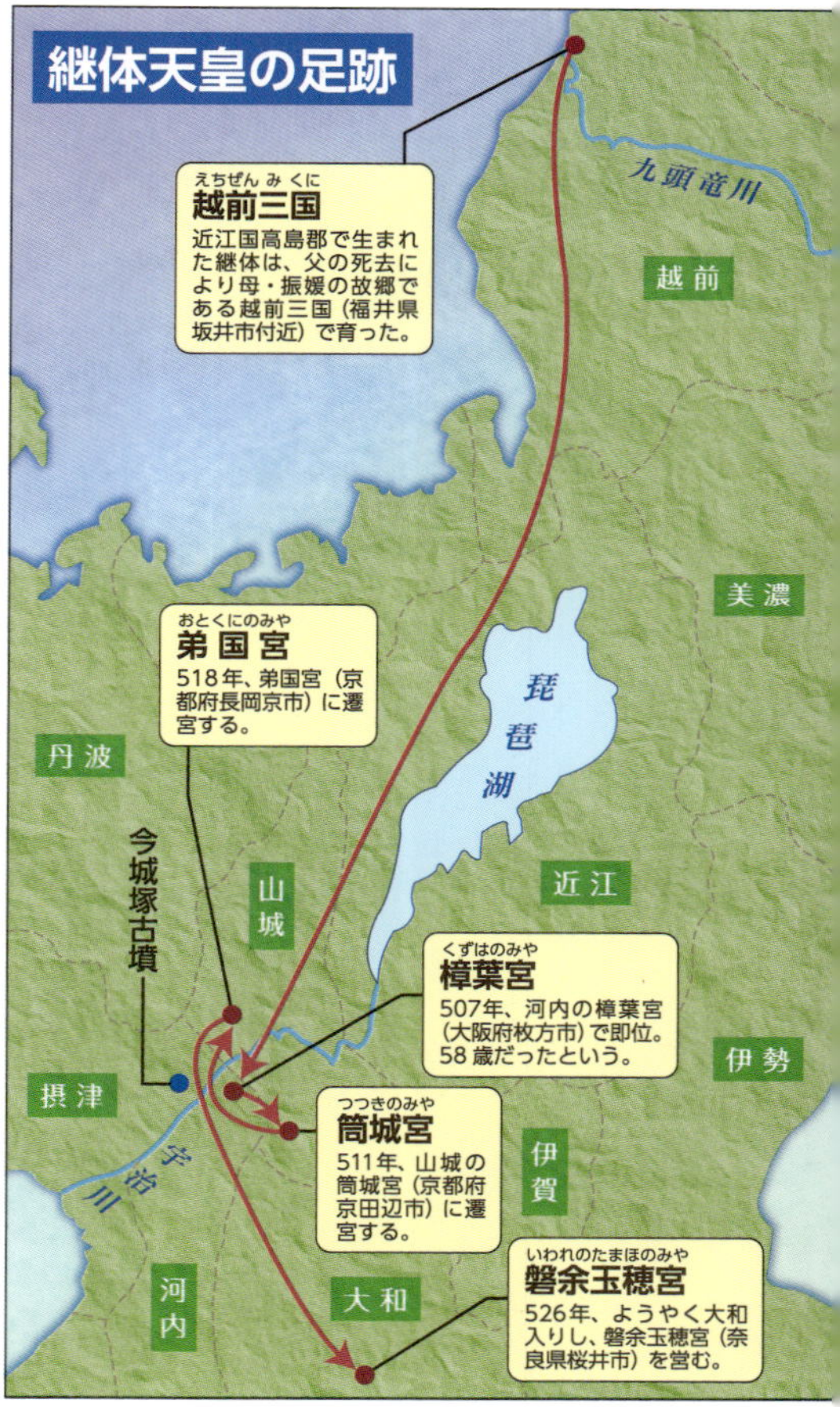

継体天皇の足跡
えちぜんみくに
越前三国
近江国高島郡で生まれた継体は、父の死去により母・振媛の故郷である越前三国（福井県坂井市付近）で育った。
九頭竜川
越前
美濃
琵琶湖
おとくにのみや
弟国宮
518年、弟国宮（京都府長岡京市）に遷宮する。
丹波
今城塚古墳
山城
近江
くずはのみや
樟葉宮
507年、河内の樟葉宮（大阪府枚方市）で即位。58歳だったという。
伊勢
摂津
宇治川
つつきのみや
筒城宮
511年、山城の筒城宮（京都府京田辺市）に遷宮する。
伊賀
河内
大和
いわれのたまほのみや
磐余玉穂宮
526年、ようやく大和入りし、磐余玉穂宮（奈良県桜井市）を営む。

たいへん魅力的であるが、根拠はまったくない。

欽明朝が任那《みまな》問題に固執していることを考慮すると、継体—欽明の外交路線は一体であるように思える。その路線を踏まえて想像すると、継体としては越前から半島への日本海ルートは押さえてあったから、北部九州の筑紫君磐井を倒して瀬戸内—対馬《つしま》ルートを確保したかったのであろう。

継体朝に続く安閑《あんかん》・宣化《せんか》朝に多く設置される山陽道の屯倉《みやけ》は、じつは継体朝の出来事と考えたい。そして磐井を倒した以上、磐井が持っていた半島南部の権益を得るために半島での戦闘に入り、父子ともに戦没したのではないであろうか。

半島での死ゆえに、百済系史料にのみ記載されており、日本側の史料にはその記事がなかったと考えられる。

◉筑紫君磐井の乱
五二七年、朝鮮半島南部に進軍しようとしたヤマト王権軍を、北部九州の豪族筑紫君磐井が阻み、反乱を起こしたとされる事件。激しい戦闘の末、翌年、乱は鎮圧された。

◉任那問題
任那とは、倭国が統治機関を置いたとされる朝鮮半島南部の地域で、周辺国の新羅（しらぎ）や百済などからたびたび侵略され、統治権を脅かされていた。

古代

32代
崇峻天皇

天皇が臣下に殺された唯一の「大王暗殺事件」

▼すしゅんてんのう
▼在位：五八七〜五九二
▼父／欽明天皇　母／蘇我小姉君

【業績】

欽明《きんめい》天皇の第十二皇子として生まれ、兄・用明《ようめい》天皇の病死により、五八七年に即位する。叔父で大臣の蘇我馬子《そがのうまこ》に推戴されたものだが、五九二年にその馬子の策略によって暗殺された、と『日本書紀《にほんしょき》』は伝える。

なぜか繁栄した大王殺しの首謀者

崇峻《すしゅん》の本名は泊瀬部王子《はつせべのみこ》。長兄に敏達《びだつ》、次兄に用明大王、次々兄に穴《あな》穂部王子《ほべのみこ》がいる。母は蘇我稲目《いなめ》の娘・小姉君《おあねのきみ》であるから、蘇我系の王子といえよう。

崇峻の最大の謎は、臣下《しんか》である蘇我馬子に暗殺されたと考えられていることである。『日本書紀』巻二十二の冒頭に「大臣《おおおみ》馬子宿禰《すくね》の為に殺《し》せられたまひぬ」と明記されてしまっていることは、この問題を考える際、たいへん重要である。

なぜなら、この記述が真実であるならば、当然、蘇我馬子は罰せられなければならないし、蘇我氏一族は滅亡させられてもおかしくない。朝廷における勢力が盛んだからといって許されることではない。主君殺しは最大の悪逆である。ところが、続く推古《すいこ》朝において、馬子が処罰され

崇峻天皇暗殺の場面（『聖徳太子絵伝』より）
『日本書紀』によれば、蘇我馬子が謀り、天皇を偽の儀式に呼び出し渡来系氏族の東漢駒（やまとのあやのこま）に暗殺させたという。右の絵では、就寝中の崇峻天皇が暗殺される様子を描いている（談山神社蔵。奈良女子大学学術情報センター提供）

た形跡はなく、むしろ蘇我氏はいっそう繁栄している。

疑うべきは“次なる大王”か？

この矛盾に、これまでの研究者は何も言及していない。いくら蘇我氏に政治力があったとしても軍事氏族ではないのだから、大王家の命令が下れば、蘇我氏討伐《とうばつ》は行えたはずである。少なくとも結果はともかくとして、そうした動きがなければおかしい。

この矛盾を説くためには、結果から考えるしかない。馬子が処刑されていない以上、馬子は崇峻を暗殺していないということになる。

あらためて「崇峻紀」をみると、猪《いのしし》の献上があった日に、崇峻が「この猪の首を斬るように、自分の嫌いな男を斬りたい」と発言し、馬子は自分が嫌われていることを恐れ、先に暗殺に走ったと描かれる。しかし、馬子は崇峻にとって叔父《おじ》であり、後見人である。そのような発言をするはずがない。馬子にも崇峻を恐れる理由がない。

以上の状況を考えると、一連の物語は作り話とわかる。

崇峻をもっとも邪魔に感じていた人物は、肉親の馬子ではなく、次に即位した大王と考えるのが、もっとも自然であろう。

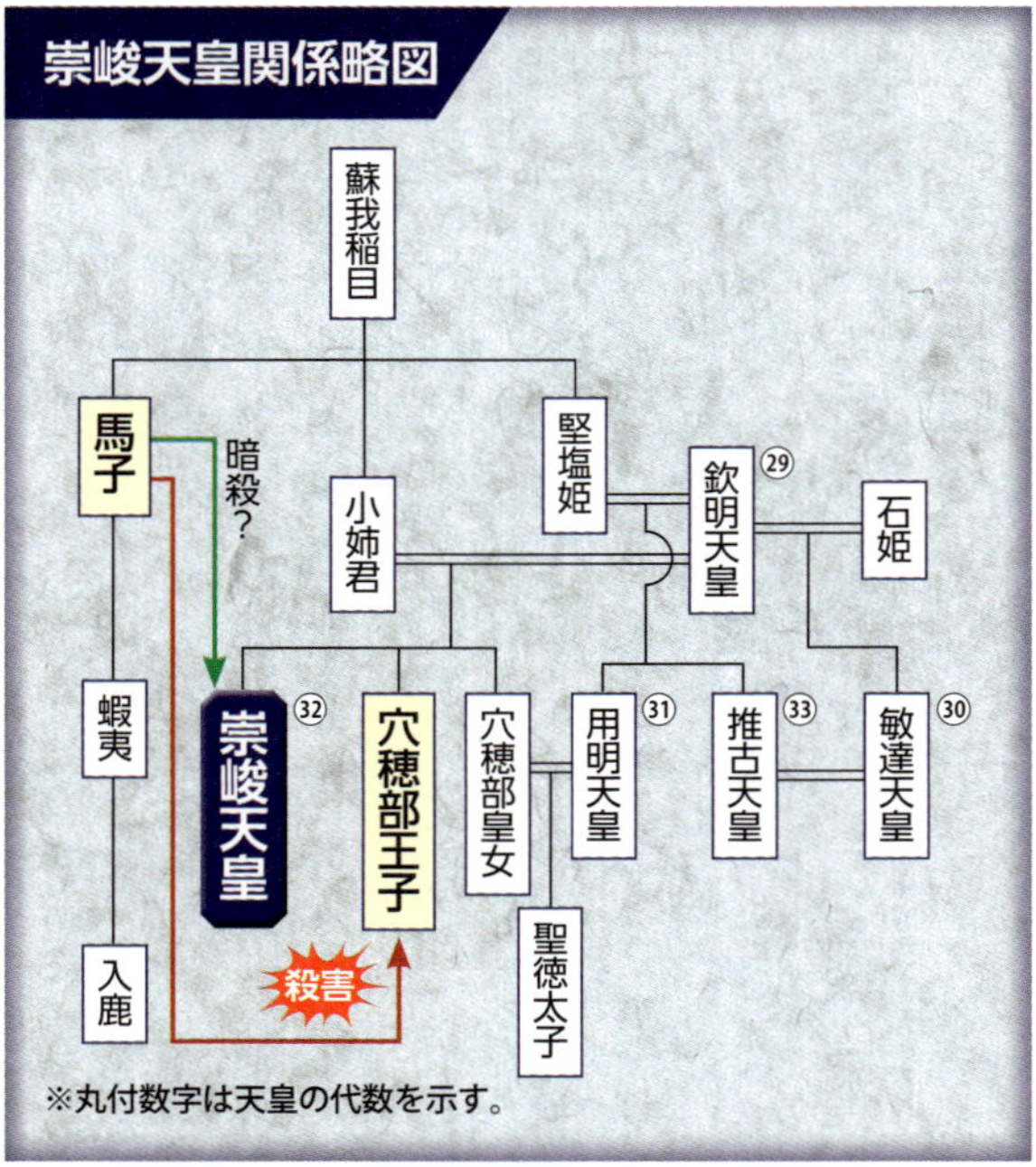

◉穴穂部王子
兄・敏達天皇の死後、皇位を狙って物部守屋（もののべもりや）と結託するが、蘇我馬子によって殺された。

◉蘇我馬子（？～六二六）
敏達・用明・崇峻・推古の四天皇に仕えたヤマト王権の重臣で、蘇我氏隆盛の礎を築いた。

古代

36代

孝徳天皇

古代史上最大のクーデター「乙巳の変」で皇位に！

▼こうとくてんのう
▼在位：六四五～六五四
▼父／茅渟王　母／吉備姫王

蘇我入鹿暗殺の図(『多武峯縁起絵巻』より)
中大兄らは、「三韓(新羅、百済、高句麗)からの進貢の儀式を行う」として、蘇我入鹿を飛鳥板蓋宮に招き殺害したという。その場には皇極天皇もいた。なお、軽王子の義父で蘇我氏の傍流である蘇我倉山田石川麻呂も中大兄に協力。変後、左大臣になった(談山神社蔵)

【業績】

「乙巳《いっし》の変」後、史上初の年号「大化《たいか》」を定め、いわゆる「大化改新」を推し進めた。しかし、難波宮《なにわのみや》(大阪市中央区)からの還都などをめぐって中大兄《なかのおおえ》と対立。白雉《はくち》五年(六五四)、失意のまま病没した。

姉・皇極の即位で後継者候補に浮上

孝徳《こうとく》大王は軽王子《かるのみこ》と称した。皇極《こうぎょく》大王の同母弟である。父は茅渟王《ちぬのおおきみ》、母は吉備姫王《きびひめ》で、祖父は押坂彦人《おしさかのひことの》大兄《おおえ》王子、曽祖父は敏達《びだつ》大王である。血筋としては悪くないが、父も祖父も大王位についていないから、軽王子も大王位に就けるポジションにはなかった。

ところが、姉の宝王女《たからのひめみこ》が舒明《じょめい》大王の正妻となり、軽王子は一気に大王位に近づく。舒明の父は押坂彦人大兄王子であり、舒明は軽王子にとって叔父となる。

さらに舒明崩御《ほうぎょ》後は、姉の宝王女が即位して皇極大王となった。そうなると軽王子は大王の弟となる。大王位は兄弟相承《そうしょう》を認めているから、軽王子も正式に大王位継承候補者となったわけである。

とはいえ、舒明と宝王女の間には中大兄王子（のちの天智《てんじ》）・大海人王《おおあまのおう》子《じ》（のちの天武《てんむ》）がいるため、大王位継承順位としてはあまりいいポジションにはなかった。そこで軽王子は体制固めを始めた。有力氏族蘇我《そが》氏と軍事氏族の阿倍《あべ》氏との姻戚関係を築くのである。蘇我倉山田石川麻《そがのくらのやまだのいしかわのま》呂《ろ》の娘・乳娘《ちのいらつめ》と阿倍内麻呂《うちまろ》の娘・小《お》足媛《たらしひめ》を迎え入れ、即位後に「妃」に立てた。小足媛との間に生まれたのが有間《ありま》王子である。

積極的な海外交流は政権奪取の布石か？

政治的な力だけではなく、海外情報も重視した。隋《ずい》・唐《とう》に留学して帰国していた僧の旻《みん》、学生の高向玄理《たかむこのくろまろ》と交際し、最新の情報を吸収することに努めた。乙巳の変後の人事では、僧旻と玄理は国博士《くにはかせ》に任じられている。この時点で、軽王子がクーデターを画策していたかどうかは定かではないが、国政を意識していたことは間違いないであろう。

中大兄の生年は定かではないが、通説どおり六二六年だとすると、乙巳の変の起きた六四五年には二十歳となる。

二十歳になれば中大兄に大王位継承資格が備わる。中大兄が何月生まれかも不明だが、六月はまだ誕生月ではなかったのかもしれない。軽王子が姉・皇極に禅譲《ぜんじょう》を迫れるのはこの年しかなかったことはたしかであろう。そのためには邪魔な蘇我蝦夷《えみし》・入鹿《いるか》父子を排除することが必至であったことはいうまでもない。

●有間王子（六四〇〜六五八）
父・孝徳の死後、狂気を装って隠棲していたが、斉明天皇・中大兄らの失政を憂い謀反を計画。それが発覚して中大兄らに処刑された。

●国博士
政治顧問的な役職の官命。やがて律令体制が整いはじめると、国学を教える共感として諸国に置かれるようになった。

●禅譲
皇帝が、話し合いなどによってその位を譲ること。

古代

38代 天智天皇

なぜ無謀な「白村江の戦い」に挑んだのか？

▼てんじてんのう
▼在位：六六八〜六七一
▼父／舒明天皇　母／皇極（斉明）天皇

【業績】

六二六年、舒明《じょめい》天皇の第二皇子として生まれる。蘇我《そが》氏宗家を滅ぼした「乙巳《いっし》の変」では、中臣鎌足《なかとみのかまたり》と入鹿《いるか》暗殺の実行部隊として剣を振るった。六七一年、病気のために近江大津宮で崩御。

継承資格がなかった「乙巳の変」の立役者

天智《てんじ》のもとの名は葛城王子《かづらきのみこ》。一般には古人大兄《ふるひとのおおえ》に対して中大兄《なかのおおえ》と呼ばれることのほうが多い。

父は舒明、母は皇極《こうぎょく》である。父・舒明が崩御《ほうぎょ》したとき、中大兄はまだ数え年の十六歳で、大王位継承資格

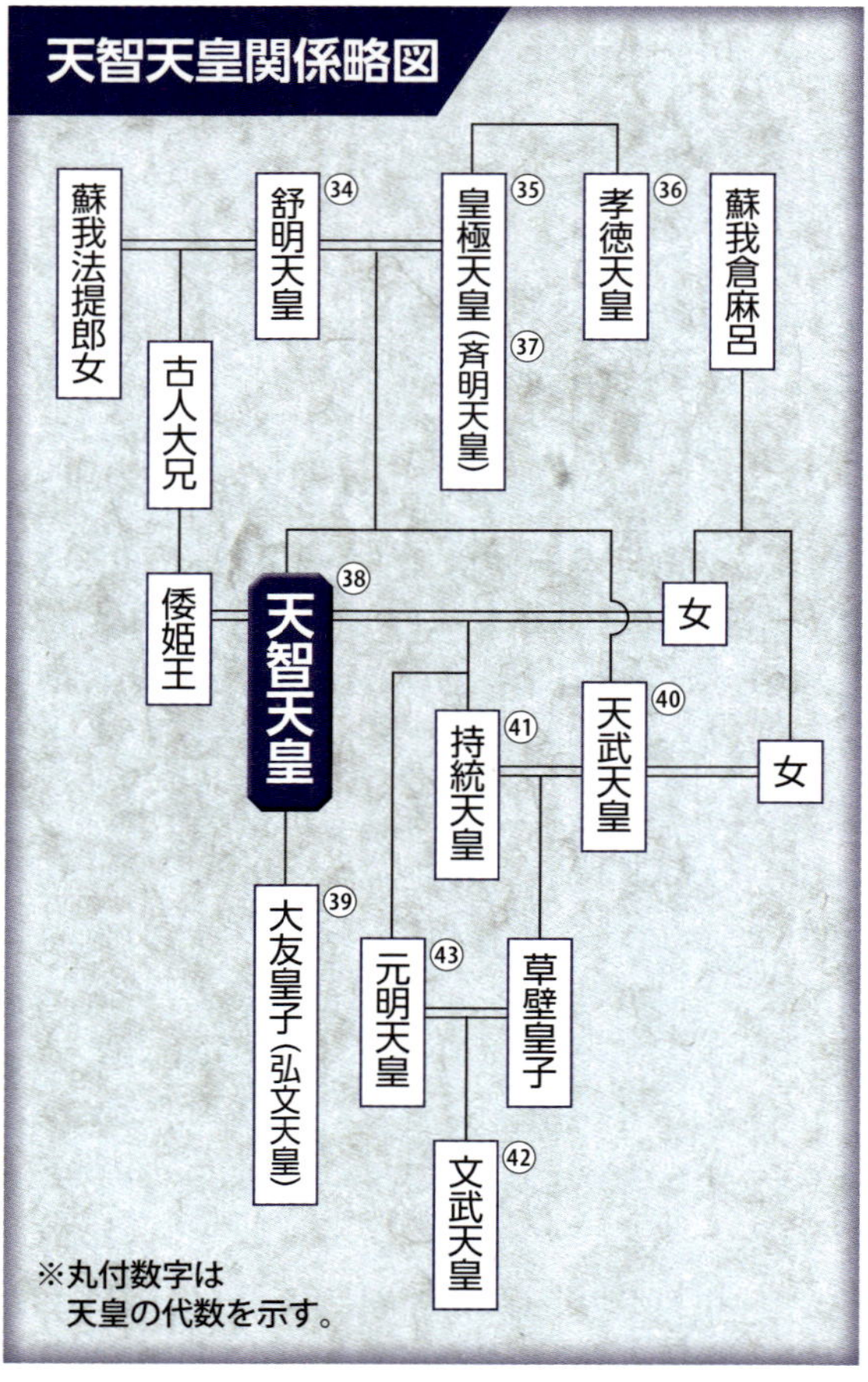

天智天皇関係略図

※丸付数字は天皇の代数を示す。

の年齢に達していなかった。厳密ではないが、基本的には二十歳《はたち》を超えることが大王位継承資格のひとつの条件であったようである。そのため、母・宝王女《たからのひめみこ》が太后《たいごう》の地位を利用して女帝となった。皇極帝である。

　ところが、皇極が大王になることによって、叔父・軽《かる》王子にも大王位継承資格が生じ、阿倍《あべ》氏と蘇我氏を姻戚にして政治体制を整えた軽王子に母・皇極は譲位させられた。まさに中大兄が二十歳になる直前の出来事であった。

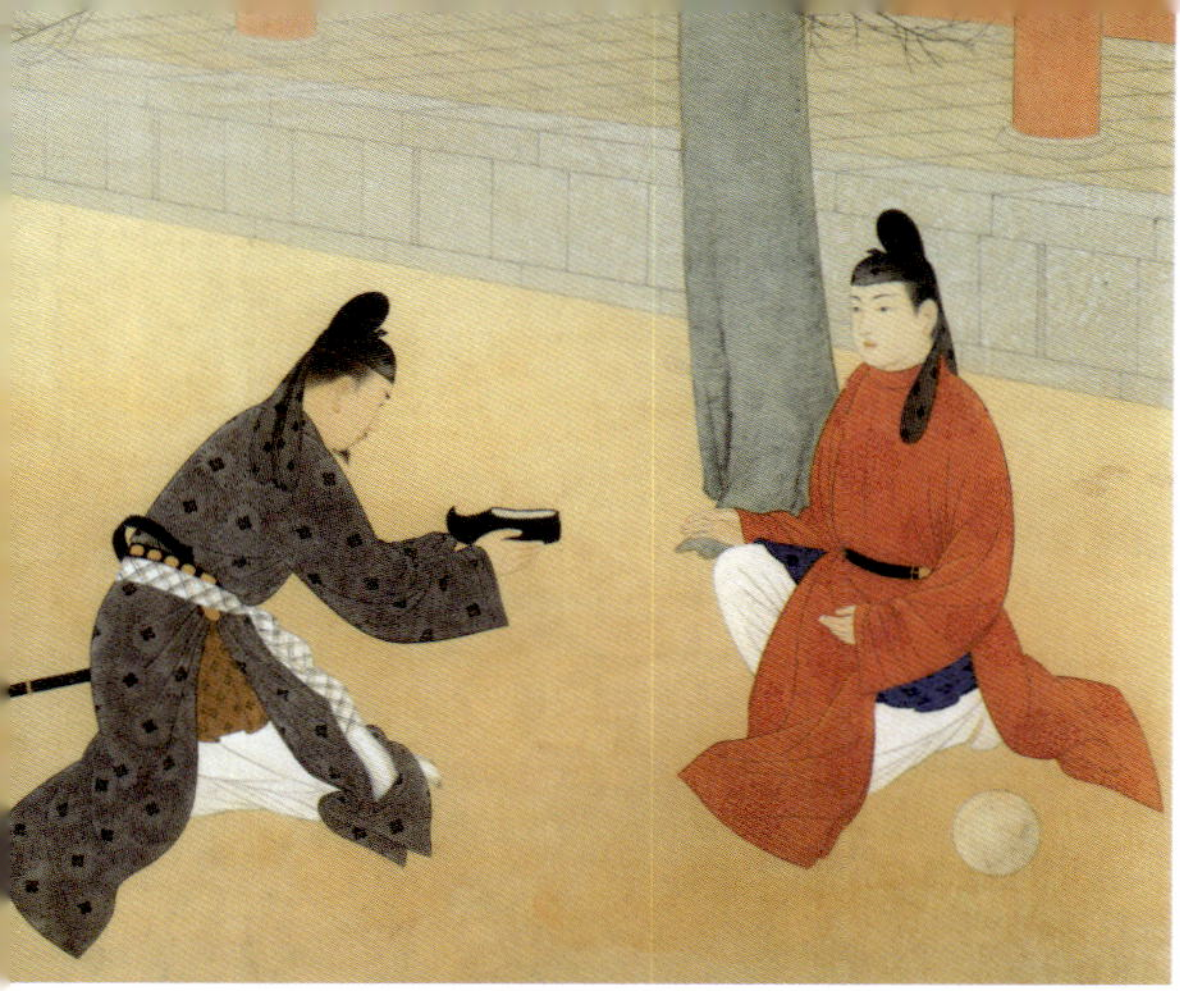

中臣鎌足と談合する中大兄皇子
(小泉勝爾筆)

鎌足が、「打毬(けまり)」の最中に脱げた皮鞋を差し上げ、蘇我氏打倒のために中大兄に接近をはかる有名なシーンを描いたもの。このとき、中大兄は弱冠18歳だった。クーデターの実行部隊として剣を持った中大兄だが、王位に就くのは「乙巳の変」から23年後のことになる(神宮徴古館蔵)

豪族の批判を集めた 母・斉明の重祚

軽王子は即位して孝徳《こうとく》大王となり、積極的な外交路線を示した。宮都《きゅうと》を海上交通の便利な難波《なにわ》に遷《うつ》し、親唐《とう》路線を明確にした。これによって中大兄が即位する道が閉ざされたかに見えた。

　しかし、孝徳は白《はく》雉《ち》五年（六五四）に病死した。孝徳の遺児・有間《ありま》王子はまだ十五歳であった。そこで、前大王であった宝王女が後を襲い斉明《さいめい》大王に重祚《ちょうそ》した。そうしなければ、中大兄は大王の王子の資格で次期大王候補になれないからである。

　この強引な大王位継承に多くの豪族たちが批判的な目を向けた。『日本《にほん》書紀《しょき》』編者も斉明の土木工事を「狂《たぶれ》心《こころ》の渠《みぞ》」と称し、「宮材《みやのき》爛《ただ》れたり」と評した。しかし、斉明の最大の失敗は唐《とう》・新羅《しらぎ》軍に滅亡させられた百済《くだら》の復興軍を支援することを決定したことである。

無謀な援軍派遣の理由は 唐の脅威と反孝徳？

六六〇年、百済の軍事的脅威に晒《さら》されていた新羅は、唐を担ぎ出して百済を滅亡させることに成功した。

唐としても高句麗《こうくり》遠征を成功させるために新羅の援助を必要とし、高句麗と密盟《みつめい》していた百済を討つことは必然性があった。

だが、日本がこうした半島の争乱に巻き込まれる必要はなかった。なぜ、日本が百済復興軍に味方したのかは謎であるが、ひとつの可能性としては、唐の東アジア支配の拡大を恐れたためと考えられる。つまり、唐によって百済が滅亡させられ、次に高句麗征討も成功させれば、新羅もいずれ併呑《へいどん》され、次に日本にまでその支配の手が伸びてくると予想したのかもしれない。

そして、個人的感情として、斉明には反孝徳路線を行くという気持ちがあったのかもしれない。孝徳は親唐路線を取っていたから、斉明は反唐路線を敢《あ》えて選んだ可能性がある。もちろん三十五歳になっていた中大兄もこの問題を議する場に参加していたであろう。

ところが、軍隊派遣を決定し、九州の朝倉宮《あさくらのみや》に遠征していた斉明が

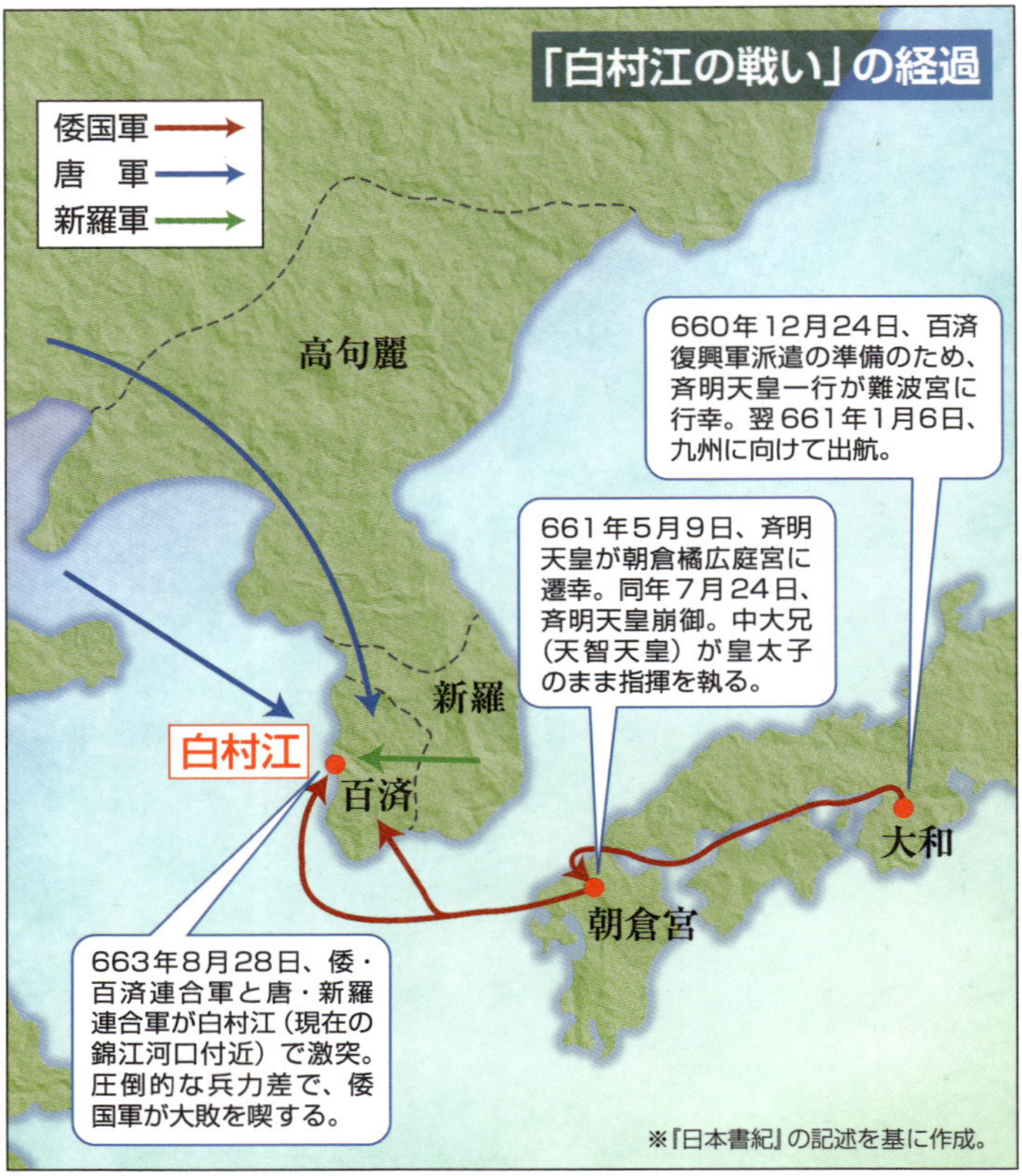

「白村江の戦い」の経過
倭国軍
唐　軍
新羅軍
高句麗
新羅
百済
白村江
朝倉宮
大和
660年12月24日、百済復興軍派遣の準備のため、斉明天皇一行が難波宮に行幸。翌661年1月6日、九州に向けて出航。
661年5月9日、斉明天皇が朝倉橘広庭宮に遷幸。同年7月24日、斉明天皇崩御。中大兄（天智天皇）が皇太子のまま指揮を執る。
663年8月28日、倭・百済連合軍と唐・新羅連合軍が白村江（現在の錦江河口付近）で激突。圧倒的な兵力差で、倭国軍が大敗を喫する。
※『日本書紀』の記述を基に作成。

六六一年に崩御してしまい、後事《こうじ》は中大兄に託された。中大兄は即位して天智となり、指令基地を那《な》の津《つ》に遷して、百済救援軍の指揮を執ることになった。翌年には余豊璋《よほうしょう》と軍船百七十艘を百済に送りこんだ。だが六六三年八月二十八日、運命の白村《はくそん》江《こう》の戦いを迎え、須臾《しゅゆ》の間に、日本軍は大敗を喫する。ほぼ全滅の有様で、『唐書』に「海水皆赤」という惨状が呈された。

予期せぬ事態に救われた日本占領の危機

天智には唐の占領軍の受け入れ態勢を整える仕事が課された。唐は旧百済に五カ所の都督府《ととくふ》を置き、そのなかの熊津《ウンジン》都督府から日本占領政策を指示した。在百済国大唐行軍総管・劉仁願《りゅうじんがん》は郭務悰《かくむそう》を占領軍司令官として日本に派遣する。郭務悰は日本における行政拠点として各地に朝鮮式山城を築き、着々と政策を進める。天智は郭務悰の要求に応えるとともに、畿内《きない》豪族たちに事情を説明して了解・協力を得なければならなかった。ここに実際に唐占領軍と対応している天智とそうでない豪族の間に温度差が生まれた。

郭務悰は難波宮・大和《やまと》の引き渡しを要求し、天智政府は近江《おうみ》への遷都《せんと》を余儀なくされる。さらに人民支配の基礎台帳として戸籍の作成を要求され、唐と同様の行政・司法体制の形成のために近江律令の編さんも求められた。

着々と郭務悰の占領統治は進んでいたが、予期せぬことが起こった。六七一年から始まる新羅と唐の戦闘である。これによって日本に駐屯していた唐の占領軍は撤退せざるを得なくなり、天智朝は辛《から》くも唐の支配から解放されるのである。

◉重祚
一度退位した大王（天皇）がふたたび王位に就くこと。

◉斉明の土木工事
斉明天皇は、土木事業を好んで各地で推進したという。運河のほか、吉野には離宮である吉野宮も築いた。そのたびに数万人単位の人夫が動員され、人びとの不評を買ったという。

◉那の津
現在の博多港（福岡県福岡市）にあった津で、弥生時代以前から朝鮮半島との往来の玄関口だった。

◉余豊璋
百済最後の王である義慈王の王子で、『日本書紀』によれば、六三一年に来日。倭国滞在中に母国が滅びたため、その復興をめざし活動していたという。生没年不明。

◉朝鮮式山城
谷を囲むように山の峰や斜面に石塁・土塁をめぐらして築くのが特徴の城。

◉近江律令
天智朝期に制定されたという法令体系で、「近江令」ともいう。『記紀』にそれに関する記述はなく、内容も不明であることから非存在説を唱える向きも多い。

古代

40代

天武天皇

古代最大の内戦「壬申の乱」は政権簒奪劇だったのか？

▼てんむてんのう
▼在位：六七三〜六八六
▼父／舒明天皇　母／皇極（斉明）天皇

瀬田の唐橋の戦いの様子（『武蔵寺縁起』より）
「壬申の乱」最後の決戦となった戦い。橋を挟んで、右側が大海人軍、左側が大友軍（武蔵寺蔵・筑紫野市歴史博物館提供）

【業績】

天智《てんじ》天皇の同母弟。『日本書紀《にほんしょき》』によると、もとは天智の後継だったが、天智の心変わりで天智の嫡子・大友王《おおとものみ》子《こ》が後継者に。天武は出家するが、やがて挙兵。「壬申の乱」といわれる内戦に勝利し皇位に就く。

不可解な『日本書紀』の記述

天武《てんむ》は大海人王子《おおあまのみこ》といって天智の実弟であった。『日本書紀』巻二十七天智紀は大海人王子のことを「大皇弟」「東宮大皇弟」と表記し、あたかも大海人が天智の後継者に定まっていたかのように記すが、これはのちの編集であろう。天智には後継男子が何人もおり、急いで弟を後継者に指名する必要はなかった。天智十年（六七一）正月五日に、「大友皇子を以《も》ちて太政大臣《だじょうだいじん》に拝《め》す」とあるのを信じると、この時点で次期後継者は大友王子と定まった。

朝廷の軟弱外交に反天智の機運高まる

大海人の立場で天智の在位十年間を眺めると、大海人には大王位を襲う条件が整いつつあった。大海人が百済《くだら》救援軍派遣の際にどこにいたのかは不明である。ただ、斉明《さいめい》の西征の途次に大海人妃の大田姫王女《おおたのひめみこ》が瀬戸内の大伯海《おおくのうみ》で王女を出産しているから、大海人も従軍したと考えられているが、案外、大和にいた可能性もある。

一方、大和《やまと》の豪族たちには、遠い那《な》の津《つ》の状況はわからなかっただろうし、まして白村江《はくそんこう》の敗戦の惨状は想像もできなかったであろう。郭務《かくむ》悰《そう》を中心とした唐《とう》占領軍が土足で飛鳥《あすか》に乗り込み、人民支配の台帳たる戸籍を作成し始め、山城《やましろ》築造の人夫を徴発《ちょうはつ》し、あまつさえ朝廷を近江《おうみ》に追い出すという暴挙を行った。にもかかわらず天智朝はそれらを唯々《いい》諾々《だくだく》として受け入れている。このまま全国は唐に支配されるという噂も聞こえてくる。このような軟弱外交の朝廷ではだめだ。新たな朝廷を組織し、唐の占領軍を追い出そう、という動きがあってもおかしくはなかった。

その時、新たな朝廷の長となるべき候補者として大海人が挙げられるのも当然であった。

反天智の機運は十分に熟していた。大海人はその機運に乗るだけである。しかし、現実には天智を排除しなければ、新政権は誕生しない。その手段は暗殺しかなかった。唐の占領軍が撤退して天智の身辺が手薄になったのを狙いすまして大海人は暗殺を実行した。

だが、暗殺は失敗に終わった。大海人は妃・鸕野讃良《うののさらら》（のちの持統《じとう》天皇）とわずかの舎人《とねり》を連れて行方をくらました。『日本書紀』は、天智の病気平癒《へいゆ》を祈願するために出家して吉野《よしの》に行ったとあるが、ありえない

ことである。出家した人間が、最終的に自決した甥の大友王子の首を斬り「営の前に献《たてまつ》」らしめるであろうか。明らかに禍根《かこん》を徹底的に断つという姿勢である。大海人には政権を簒奪《さんだつ》しようという意図が明白にあったのである。

大友の理不尽な自決は反乱分子による密殺？

「壬申《じんしん》の乱」は、天皇家の内部抗争だけではなく、唐の支配をめぐる政権交代劇でもあった。

大海人は、大和の大伴氏《おおとも》を協力者とし、他方、東国の豪族をも糾合《きゅうごう》しようとした。大海人が逃亡後最初に目指したのは伊勢《いせ》であったろう。伊勢湾から尾張《おわり》・美濃《みの》に向かい、当地の豪族を引き連れて不破《ふわ》から南下するというのが基本作戦であったはずである。そうすれば大和から北上する大伴軍とともに近江を挟撃《きょうげき》できるからである。『日本書紀』の描く吉野からの脱出行は創作か、のちの凱旋《がいせん》経路であろう。

しかし、近江朝の正規軍は強靭《きょうじん》で、大和の大伴軍は敗北を喫し、南下する大海人軍も立ち往生してしまった。そこで遂行されたのが大友王子の暗殺であろう。『日本書紀』は自決と記すが、大王である彼が自決するいわれはない。

かくして大海人の政権簒奪は実現した。

東アジア動乱期に誕生した天皇専制政治

ところが、政権奪取後の大海人は即位して天武となると、協力した豪族の意見を採用するのではなく、天皇専制を敷く。運よく六七六年には新羅《しらぎ》が半島から唐の勢力を完全に排除することに成功しており、天武朝は唐の脅威を気にする必要はなくなった。そのため、天武朝は親新羅外交を展開している。政策的には前王朝の否定から始まる。近江律令《りつりょう》を排して、あらたな浄御原《きよみはら》律令の編さんを開始した。都も飛鳥に戻した。さらに、白村江の敗戦で多くの主要豪族が没していたので、あらたに八色《やくさ》の姓《かばね》を制定して身分秩序を整備しなおした。

このようにみてくると、壬申の乱は唐の占領軍への反発を利用して起こされ、天武の新政は新羅による唐の撤退によって可能となったといえよう。まさに七世紀は東アジアにとって動乱の時代であった。

「壬申の乱」の経過

大海人が大津宮を出て吉野へ向かう際、見送った舎人たちは、「翼のある虎を野に放したようなものだ」といったという。はたして、672年6月24日、大海は吉野を出立し、大友に反旗を翻した。

●大友皇子（六四八～六七二）
天智天皇の第一王子。「壬申の乱」で大海人軍に敗れ自決したとされるが、それ以前に即位していたという説もあり、第三十九代弘文（こうぶん）天皇とも称される。

●太政大臣
律令制における官職の最高位で、大友王子は日本初の太政大臣とされる。当時は、皇太子的な意味が強かったと思われる。

●舎人
大王や王族に近侍し、護衛をおもな任務とした下級の官人。

●大伴氏
天神系氏族とされ、ヤマト王権黎明期から王権の重臣を務めた有力豪族。おもに軍事面を管掌した。

●不破
現在の岐阜県不破郡付近で、東山道沿いにあることから、畿内防衛の要衝とされ、のちに関が築かれた。

●浄御原律令
六八一年十月に天武天皇の命によって編纂が始まった律令で、編纂途中で天武が崩御するも、皇后の鸕野讃良と皇太子の草壁皇子が事業を受け継ぎ、六八九年に施行された。

古代

45代 聖武天皇

権力誇示か？ 謎の「さまよえる都」

▼しょうむてんのう
▼在位：七二四～七四九
▼父／文武天皇　母／藤原宮子

【業績】

大宝《たいほう》元年(七〇一)、文武《もんむ》天皇の第一皇子として誕生。仏教に深く帰依し、天平《てんぴょう》十五(七四三)年には東大寺盧《る》舎那仏《しゃなぶつ》像(いわゆる奈良の大仏)建立の詔を出す。天平勝宝八年(七五六)、崩御。

なぜか遷都を繰り返した生まれながらの帝王

聖武《しょうむ》天皇は、天皇家待望の存在であった。祖父・草壁王子《くさかべのみこ》が即位を目前に没し、父・文武もわずか二十五歳で没した。その時、幼い首皇子《おびと》(聖武)はわずか七歳であった。そして即位するまでの二十三年間を母・藤《ふじ》原宮子《わらのみやこ》の実家で暮らすこととなる。

聖武は全天皇中、もっとも遷都《せんと》を多く繰り返した天皇である。天平《てんぴょう》十二年（七四〇）に平城京《へいじょうきょう》を出て以来、恭仁京《くにきょう》・紫香楽宮《しがらきのみや》と遷《うつ》り、難波京《なにわきょう》への遷都も実行し、七四六年に平城京に戻ってくる。なぜこのように遷都を繰り返したのかは謎とされている。

たまたま天平十二年に藤原広嗣《ひろつぐ》の乱が起こっているので、その影響を考える人もいるが、遠い大宰府《だざいふ》の話であるから、それを直接の原因と考えるのは無理がある。

むしろ天平九年の全国的な天然痘《てんねんとう》の流行で、藤原四兄弟が死亡し、聖武の行動にストップをかけるうるさい義兄たちがいなくなったことで、帝王としての尊大さが表面に出たと考える方が自然であろう。紫香楽宮造営と同時に巨大な盧舎那仏造営を命じるのも同じく権力の誇示であろう。聖武は生まれながらの帝王なのである。

聖武天皇肖像
（宮内庁蔵）

古代

48代

称徳天皇

皇統断絶の危機を阻止した「宇佐八幡神託事件」

▼しょうとくてんのう
▼在位：七六四〜七七〇
▼父／聖武天皇　母／藤原光明子

【業績】

養老《ようろう》二年（七一八）生まれ。父・聖武《しょうむ》の跡を継いで第四十六代孝謙天皇として即位。天平宝字《てんぴょうほうじ》二年（七五八）に淳仁《じゅんにん》天皇に譲位したのち、重祚して称徳天皇となった。神護景雲四年（七七〇）、病気のため崩御。

藤原氏傀儡の礎を築いた古代最後の女帝

称徳《しょうとく》天皇は孝謙《こうけん》の重祚《ちょうそ》である。孝謙は聖武の娘でもとは阿倍内親王《あべのないしんのう》といった。聖武には後継男子がいなかったため、阿倍内親王を皇太子としたが、女性天皇は必ず次期候補者問題を抱えてしまう。そこで、聖武は崩御《ほうぎょ》前に「中務卿《なかつかさきょう》道祖王《ふなどおう》を皇太子とす」と遺詔《ゆいじょう》して、娘の後継者を定めた。ところが、天平宝字元年（七五七）三月二十九日、孝謙は「身は

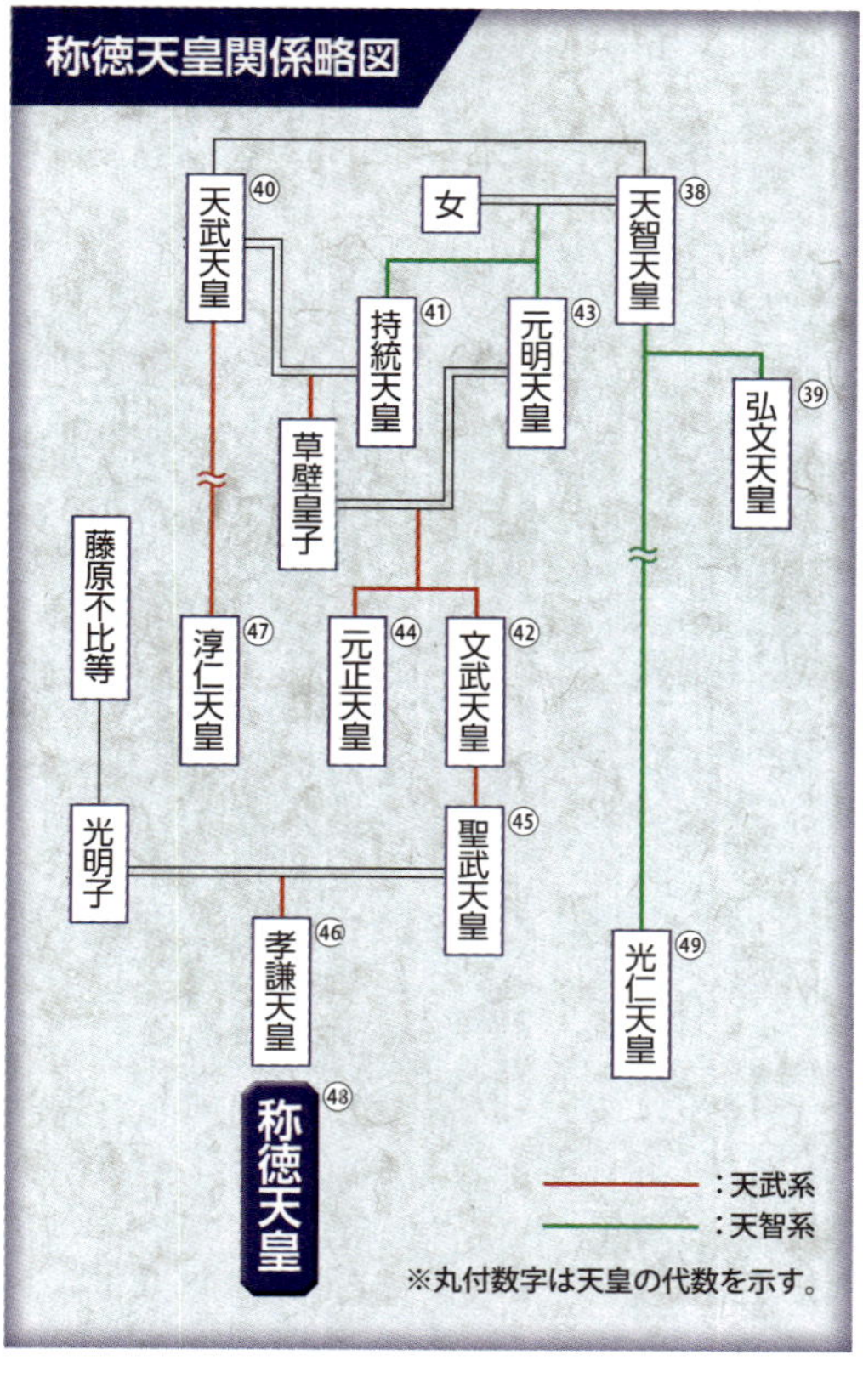

諒闇《りょうあん》に居るも、志は淫縦《いんじゅう》に在り」（喪中にありながら、淫らな行いを欲しいままにする）という理由で道祖王を廃太子とする。その代わりに立太子されたのが大炊王《おおいおう》であった。大炊王は、藤原仲麻呂《ふじわらのなかまろ》の亡息・真従《まより》の寡《か》婦《ふ》・粟田諸姉《あわたのもろえ》を妻に迎え、仲麻呂の邸宅に居住していたのである。つまり、仲麻呂は大炊王を傀儡《かいらい》天皇としたかったわけで、孝謙はその願いに応えたというわけである。こうして淳仁《じゅんにん》天皇が即位する。

道鏡の即位を阻止した藤原氏の陰謀

ところがその後、仲麻呂と孝謙の間に隙間風が吹くようになり、そこに看病禅師《かんびょうぜんじ》の道鏡《どうきょう》が入り込んだ。天平宝字六年六月三日、孝謙は「政事《まつりごと》は、常の祀《まつり》・小事《いささけきこと》は今の帝行ひ給へ、国家《みかど》の大事《おほきこと》・賞罰二つの柄《もと》は朕《われ》行はむ」（日常の小さな政《まつりごと》は今の帝《みかど》が行い、国の大事と賞罰のふたつは私が行う）と宣言するのである。ここには孝謙の絶対的な権威を感じざるを得ない。対して仲麻呂は兵権《へいけん》を自分に集めようとするが、時すでに遅く、同年九月十一日に恵美押勝《えみのおしかつ》の乱を起こすことになり、敗死する。それに伴い、同月二十日に道鏡は大臣禅師《だいじんぜんし》となり、翌十月九日には淳仁帝は廃《はい》位《い》させられ、淡路《あわじ》に流される。

翌年正月には天平神護《てんぴょうじんご》と改元し、孝謙は自ら重祚して称徳天皇となった。称徳の道鏡への思い入れは加速度を増し、同元年（七六五）閏《うるう》十月二日、道鏡を太政大臣禅師《だじょうだいじんぜんじ》に任じ、翌年十月二十日には道鏡を法王とする。これによって道鏡は政界でも宗教界でもトップとなる。

黙っていられないのが藤原氏である。得意の陰謀をめぐらす。いわゆる宇佐八幡宮神託《うさはちまんぐうしんたく》事件である。神護《じんご》景雲《けいうん》三年（七六九）九月二十五日、大《だ》宰主神《ざいのかんづかさ》・習宜阿曽麻呂《すげのあそまろ》が「道鏡をして皇位に即《つ》かしめば、天下太平ならむ」という神託を届けてくる。道鏡は喜び、実現させようとするが、和《わ》気清麻呂《けのきよまろ》の抵抗にあう。

そのとき、称徳は「此の帝《みかど》の位と云ふ物は、天の授け給はぬ人に授けては保つことも得ず、亦変へりて身も滅びぬる物ぞ」と宣言して、事件を収めてしまった。

おかげで道鏡は称徳崩御《ほうぎょ》まで身を全《まっと》うすることができた。称徳こそ、帝王中の帝王であったというべきであろう。

古代

49代 光仁天皇

血統の転換と「皇后廃后事件」

▼こうにんてんのう
▼在位：七七〇～七八一
▼父／志紀王子　母／紀橡姫

光仁天皇陵（田原東陵）のある田園
光仁天皇の陵墓は、のどかな田園のなかに円形の美しい森のようにあり、人びとは古代からこの森を「王墓」「王の塚」と呼んでいたという（奈良県奈良市）

【業績】

和銅《わどう》二年（七〇九）生まれ。「恵美押勝《えみのおしかつ》の乱」鎮圧で活躍して大納言となるが、政争に巻き込まれるのを避け、暗愚な人間を装ったといわれる。しかし、称徳《しょうとく》天皇の崩御後、藤原氏勢力に擁立されて皇位に就いた。

天武系・称徳の死で即位した天智系の天皇

光仁《こうにん》天皇は天智《てんじ》天皇の孫で、志紀王子《しきのみこ》の第六王子。白壁王《しらかべ》と称した人物である。母は紀氏の橡姫《とちひめ》であったから、もともと王位継承争いからは無縁のポジションにあったと考えられてきた。

ところが、称徳女帝が崩御《ほうぎょ》すると、一躍存在感が増した。●藤原永手《ふじわらのながて》・百《もも》

藤原永手（右）と百川の肖像（左）
藤原一族の再興を期す永手と百川は、天智系の光仁を擁立した（ともに『前賢故実』より。国立国会図書館蔵）

川《かわ》に擁立されて、宝亀《ほうき》元年（七七〇）天皇に即位するのである。光仁には和《やまと》（のちに高野《たかのの》）新笠《にいがさ》という妃がおり、ふたりの間には山部王《やまべ》（のちの桓武《かんむ》天皇）・早良王《さわら》・能登女王《のとのひめみこ》という三人の子が生まれていた。しかし、即位に当たって、血統を補強するために聖武天皇の娘・井上《いのえ》内親王を迎え皇后とした。ふたりの間には他戸《おさべ》親王が生まれ、宝亀二年に立太子した。

母子追放の理由は天皇を呪ったから？

歴史には時に、年齢という単純な要件が重要な働きをすることがある。

光仁即位の時、六十二歳、井上内親王は五十四歳、山部王は三十三歳であった。他戸親王はまだ十歳であった。王位継承資格年齢を二十歳とすると、他戸にはあと十年必要であった。実力も年齢も十分な山部王にとって、座して義弟に王位を譲る必然性は感じなかったであろう。藤原百川たちも山部王を後押ししたことは推測に難くない。

しかし、事件は突然に起こる。『続《しょく》日本紀《にほんぎ》』によると、宝亀三年三月二日、「皇后井上内親王、巫蠱《ふこ》に坐《つみ》せられて廃せらる」（井上皇后は人を呪ったので廃后《はいごう》された）という詔《みことのり》が下されたのである。さらに同年五月二十七日には、皇太子他戸王を廃して庶人《しょにん》とする詔が下る。その理由として、「今皇太子と定め賜へる他戸王、其の母井上内親王の魘魅《えんみ》大逆《だいぎゃく》の事、一二遍のみに在らず、遍《あ》まねく発覚《あらわ》れぬ」（他戸王との母・井上内親王が呪ったのは一度や二度ではなく、すべて発覚した）とされている。

この二人が光仁を「巫蠱」「魘魅」して呪わなければならない理由はまったくない。

井上内親王と他戸親王を祀る御霊神社

無実の罪で廃后・廃太子されたふたりの御霊を鎮めるために創祀されたという（奈良県奈良市。奈良市観光協会提供）

●藤原永手・百川
永手（七一四〜七七一）は北家の祖・房前の二男で、称徳朝で右大臣・左大臣を務めた。百川（七三二〜七七九）は、式家の祖・宇合の八男で、光仁天皇の即位の翌年に参議に任じられた。永手・百川とも、「恵美押勝の乱」後、凋落傾向にあった藤原一族の再興のために暗躍したとされる。

●『続日本紀』
延暦十六年（七九七）に成立した編年体の正史で、六九七年から七九一年までの歴史が綴られている。

●巫蠱
人を呪うこと、または人を呪う者のこと。

●魘魅
まじないによって、人を呪い殺すこと。

古代

51代 平城天皇

「薬子の変」は藤原氏の内紛だった!?

▼へいぜいてんのう
▼在位：八〇六～八〇九
▼父／桓武天皇　母／藤原乙牟漏

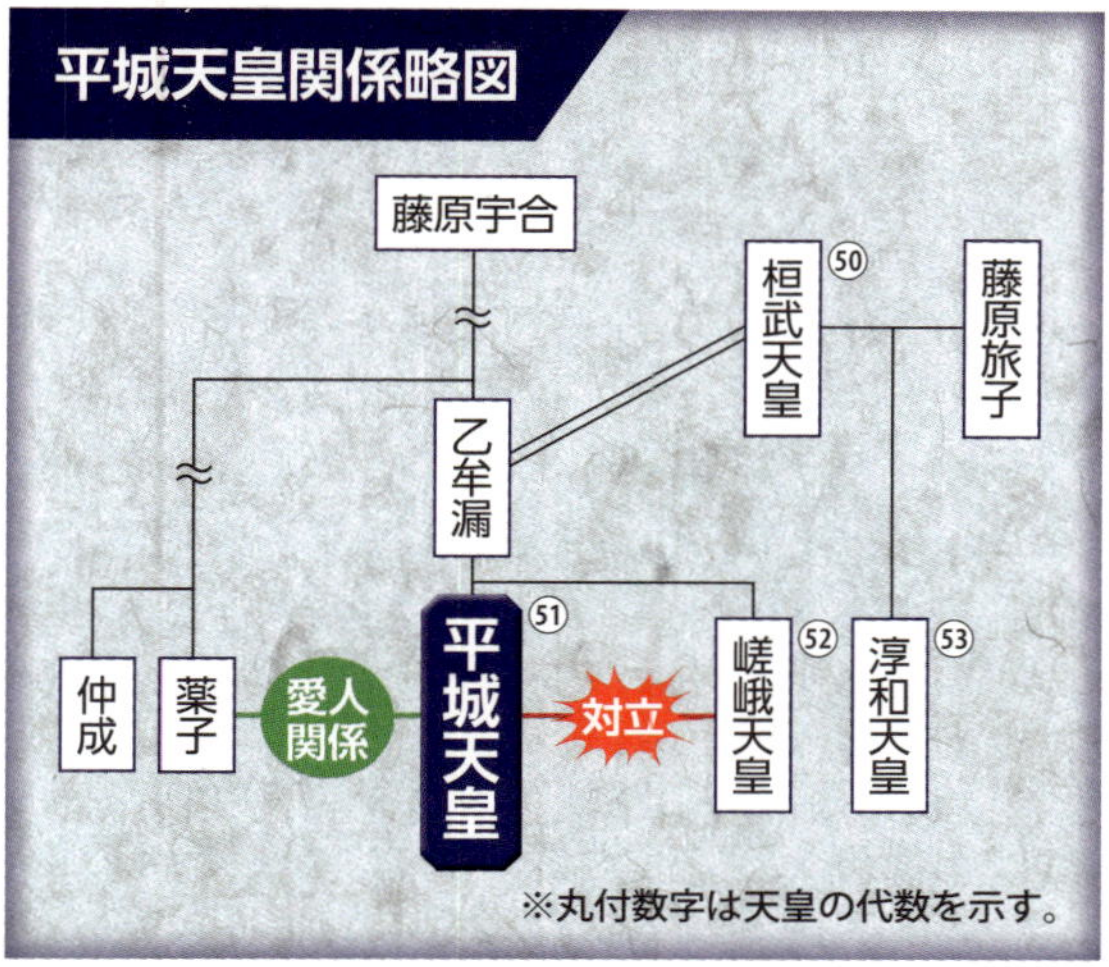

【業績】

七七四年生まれ。平城京に強い愛着を持ったことから、「奈良帝《ならのみかど》」とも呼ばれる。即位後は、官司の合理化を進め、財政の建て直しをはかるなどした。八二四年、平城宮で病気のため崩御。

病気を理由に譲位も突如、遷都を下命

平城《へいぜい》天皇は、桓武《かんむ》天皇の嫡男《ちゃくなん》・安殿親王《あてのみこ》である。弟に嵯峨《さが》・淳和《じゅんな》がいる。三人は仲がよかったようだ。安殿は叔父・早良《さわら》親王事件後に立太子し、東宮坊宣旨《とうぐうぼうせんじ》となった藤原薬子《ふじわらのくすこ》と内通し愛人とした。父・桓武は中国皇帝をめざし、息子たちにも中国的な王者の教養を強《し》いた。平城にとっては強烈なプレッシャーであった。

大同《だいどう》元年（八〇六）に即位した当座は意欲的に取り組んだが、大同四年、「朕《ちん》、躬《み》元来風病に苦みつつ、身体安からずして」と病弱を理由に弟・嵯峨に譲位した。兄弟相承は問題なく行われた。ところが弘仁《こうにん》元年（八一〇）九月六日、突然、平城上皇は「平城に遷都せんことを擬す」命を下す。いわゆる「藤原薬子の変」である。従来は、薬子が平城上皇を唆《そそのか》した、いや平城上皇が首謀者だ、など

平城天皇が執着した平城京の跡
追号の「平城天皇」は、平城京への強い愛着にちなんでつけられた。写真は、復元された大極殿。陵墓は大極殿の北側にある市庭古墳に比定されてるが、平安時代にはつくられなかった前方後円墳であるため、学術的には否定的な見解が多い（奈良県奈良市）

といわれている。

しかし、具体的な出来事は平城上皇が旧都に出かけたということだけであった。政府内ではそれを反乱と騒ぎ立てたにすぎない。要は藤原北家の冬嗣《ふゆつぐ》による藤原式家の仲成《なかなり》・薬子兄妹の排斥《はいせき》劇にすぎないのではなかろうか。

●早良親王事件
早良親王は、桓武天皇の即位と同時に皇太子となったが、延暦四年（七八五）、造長岡宮使・藤原種継が暗殺された件に関係したとされ廃された。無実を訴える早良親王は絶食を続け、淡路に配流の途中、憤死した。

●藤原薬子の変
自らの復権を期す藤原薬子とその兄・仲成が、平城上皇と嵯峨天皇の対立をあおり、平城の復位をはかったとされる事件。

●藤原冬嗣（七七五〜八二六）
北家・内麻呂の二男で、嵯峨天皇の側近として、異例の出世を遂げた。五十五代文徳天皇の外祖父となり、藤原摂関政治の基礎を築いたともいわれる。

●藤原仲成（七六四〜八一〇）
暗殺された種継の長子で、平城朝では権勢を振るったが、専横が目立ち敵も多かったという。「薬子の変」で捕らえられ、佐渡に流されたうえ射殺された。

古代

61代

朱雀天皇

政治乖離が引き起こした「承平・天慶の乱」

▼すざくてんのう
▼在位：九三〇～九四六
▼父／醍醐天皇　母／藤原穏子

【業績】

わずか八歳で即位。当然、政治を行えず、摂関家の藤原仲平《ふじわらのなかひら》が実権を握った。二十四歳で理由もなく退位、出家したが、母に従って譲位したことを後悔していたとも伝わる。天暦《てんりゃく》六年(九五二)、三十歳で崩御。

早い即位と退位は藤原摂関家の意向？

朱雀《すざく》天皇は醍醐《だいご》天皇の皇子である。母は藤原基経《もとつね》の娘・穏子《おんし》。穏子には時平《ときひら》・仲平・忠平《ただひら》の三人の兄がいた。このうち、時平が菅原道真《すがわらのみちざね》を大宰府《だざいふ》に左遷《させん》した人物である。

延喜《えんぎ》三年（九〇三）、道真が没した後、延喜九年に時平が三十九歳の若さで亡くなり、皇太子保明親王《やすあきらしんのう》が二十一歳で没し、延長《えんちょう》八年（九三〇）には清涼殿《せいりょうでん》に落雷し公卿《くぎょう》が即死するのなどの事件があり、道真の怨霊による祟りと恐れられた。時平の妹である穏子が延長元年に寛《ゆた》明《あきら》親王（朱雀）を出産すると、道真の怨霊を恐れ、三歳になるまで外に出さず御帳台《みちょうだい》の中で育てられた。

こうした異常な母の教育のもとで育った朱雀に強い個性は育ちにくか

菅原道真
(845〜903)
朱雀天皇の祖父・宇多天皇に重用され出世するが、藤原氏の恨みを買い大宰府に左遷され不遇をかこった。死後、朝廷内に不気味な事象が相次いで起き、道真の怨霊の仕業と恐れられた(『前賢故実』より。国立国会図書館蔵)

出家した朱雀法皇が入った仁和寺の金堂

仁和寺に入った朱雀は、そのわずか五カ月後に崩御した。まだ三十歳で、復権を狙っていたため暗殺されたのではないかという見方もある（京都府京都市）

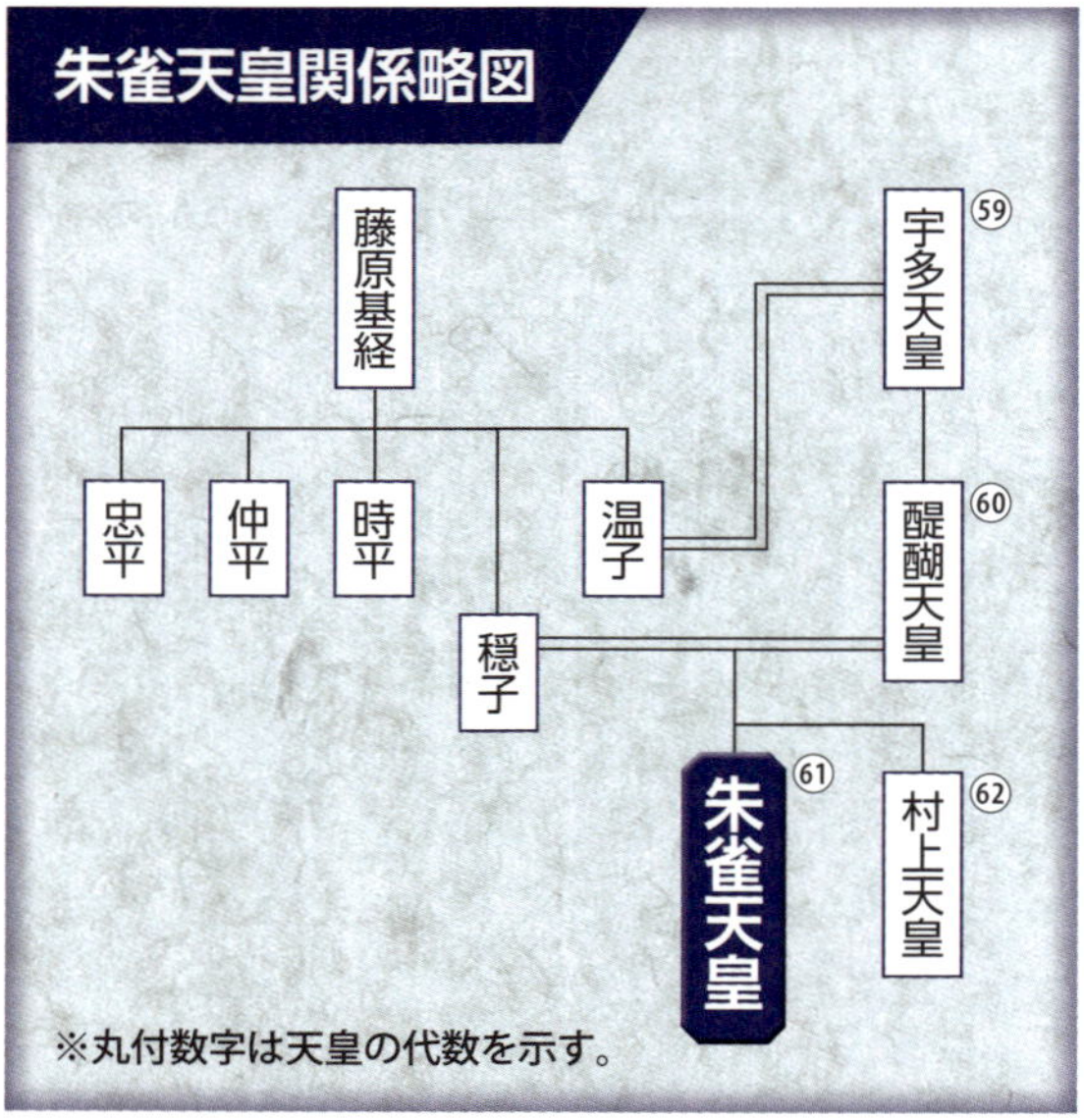

ったであろう。

延長八年に即位すると叔父・忠平が関白《かんぱく》となるが、母・穏子の政治への介入も始まった。天慶《てんぎょう》九年（九四六）に朱雀は弟・成明《なりあきら》親王（村上天皇）に譲位するが、これも母・穏子の「東宮ぞかくて見きこへまほしき」（東宮の即位を見たい）という言葉に従ったものといわれる。

王位の継承も家庭内の個人の願望に左右されるほど、天皇家は政治と乖離《かいり》していたといえよう。

まして地方の政治など平安京の貴族たちに顧みられることはなかったのである。そして、承平《じょうへい》五年（九三五）に承平・天慶《てんぎょう》の乱が東西で勃発する。

◉御帳台
一段高い床に畳を敷き、四隅に柱を立て帳（とばり）をめぐらした場所で、寝所や座所として用いられた。

◉承平・天慶の乱
「承平の乱」とは、伊予の国司・藤原純友が承平五年（九三五）ごろから海賊化し、朝廷に反旗を翻した乱で、「藤原純友の乱」ともいわれる。「天慶の乱」とは、同時期の天慶二年（九三九）～翌三年にかけて、関東の平将門が起した反乱。関東一円を収めた将門は、「新皇」を名乗った。「平将門の乱」ともいわれる。

古代

65代 花山天皇

藤原摂関家を台頭させた「寛和の変」

▼かざんてんのう
▼在位：九八四～九八六
▼父／冷泉天皇　母／藤原懐子

【業績】

即位後は荘園を整理するなど親政に努めたとされる一方、無類の女性好きで、出家後も妾のところに通い誤解を受け、公卿に殺されかけたというエピソードも伝わる。寛弘《かんこう》五年（一〇〇八）、崩御。

愛妾の死去が原因で在位二年で弟に譲位

花山《かざん》天皇は、冷泉《れいぜい》天皇の第一皇子である。わずか二歳で皇太子となり、十七歳で即位した。ところが、これまた二年足らずで退位して、一条《いちじょう》天皇が即位するという事態が出来《しゅったい》した。ここには権力者・藤原兼家《ふじわらのかねいえ》の陰謀があった。

花山即位に際して、母方の伯父・藤原義懐《よしちか》が台頭し、補佐役として藤原惟成《これしげ》も登場した。両者は有能であったため兼家は脅威を感じていた。その時、花山が寵愛《ちょうあい》してやまない女《にょう》御《ご》・忯子《しし》が急死する。数え年十九歳の若き天皇は落胆のあまり塞ぎ込んでしまった。兼家はこの天皇の失意に付け込むのである。息子の道兼《みちかね》に言い含めて、天皇と一緒に出家するよう事を運ばせる。道兼は天皇を密かに御所から連れ出し東山《ひがしやま》の麓《ふもと》の元慶寺《がんけいじ》に潜入させる。そして花山を出

花山天皇が出家した元慶寺
（京都市山科区）

家させ、道兼自身は「出家前の姿をもう一度親に見せる」と言い置いて、寺を後にしたまま戻らなかったのである。

兼家は花山の出家を見届けるや、すぐに娘・詮子《せんし》の生んだ懐仁親王《やすひとしんのう》を即位させ一条天皇を誕生させた。まさに天皇家の継承をも自儘《じまま》にし、政策も無考慮に、ただただ自分の権力の維持だけしか考えない仕儀《しぎ》であった（一連の騒動は「寛和《かんな》の変」とも呼ばれる）。

元慶寺の花山天皇
（月岡芳年画『つきの百姿 花山寺の月』より）

元慶元年（877）に建立された元慶寺は、花山法皇が入ったことから花山寺・花山院とも呼ばれている（山口県立萩美術館・浦上記念館蔵）

●藤原兼家（九二九～九九〇）
右大臣・藤原師輔（もろすけ）の三男で、一条天皇が即位すると摂政に昇進。以後、兼家系統の藤原氏が摂関家を独占するようになる。

●藤原義懐（九五七～一〇〇八）
花山天皇の母が同母姉で、天皇の外戚として権勢を振るうも、花山の退位とともに政界から離れた。

●藤原惟成（九五三～九八九）
花山天皇に親王時代から仕え、篤い信頼を得ていた。花山の出家に従って自らも出家し、政界から引退した。

歴代天皇総覧（初代～七十代）

《凡例》

①御名・異称・諱
②在位
③陵名（所在地）
※天皇名の後の★印は女帝を示す

初代 神武《じんむ》天皇

二十八ページ参照。

第二代 綏靖《すいぜい》天皇

①神淳名川耳《かんぬなかわみみ》尊　②綏靖天皇元（前五八一）～綏靖天皇三十三（前五四九）　③桃花鳥《つき》田丘上《だのおかのえ》陵（奈良県橿原市）

第三代 安寧《あんねい》天皇

①磯城津彦玉手看《しきつひこたまてみ》尊　②綏靖天皇三十三（前五四九）～安寧天皇三十八（前五一一）　③畝傍山《うねびやまの》西南御陰井上《ひつじさるのみほどのいのえ》陵（奈良県橿原市）

第四代 懿徳《いとく》天皇

①大日本彦耜友《おおやまとひこすきとも》尊　②懿徳天皇元（前五一〇）～懿徳天皇三十四（前四七七）　③畝傍山南織沙谿上《うねびやまのみなみのまなごのたにのえ》陵（奈良県橿原市）

第五代 孝昭《こうしょう》天皇

①観松彦香殖稲《みまつひこかえしね》尊　②孝昭天皇元（前四七六）～孝昭天皇八十三（前三九三）　③掖上博多山上《わきのかみのはかたのやまのえ》陵（奈良県御所市）

第六代 孝安《こうあん》天皇

①日本足彦国押人《やまとたらしひこくにおしひと》尊　②孝安天皇元（前三九二）～孝安天皇百二（前二九一）　③玉手丘上《たまてのおかのえ》陵（奈良県御所市）

第七代 孝霊《こうれい》天皇

①大日本根子彦太瓊《おおやまとねこひこふとに》尊　②孝霊天皇元（前二九〇）～孝霊天皇七十六（前二一五）　③片丘馬坂《かたおかのうまさか》陵（奈良県王寺町）

第八代 孝元《こうげん》天皇

①大日本根子彦国牽《おおやまとねこひこくにくる》尊　②孝元天皇元（前二一四）～孝元天皇五十七（前一五八）　③剣池嶋上《つるぎのいけのしまのえ》陵（奈良県橿原市）

第九代 開化《かいか》天皇

①稚日本根子彦大日日《わかやまとねこひこおおひひ》尊　②孝元天皇五十七（前一五七）～開化天皇六十（前九八）　③春日率川坂上《かすがのいざがわのさかのえ》陵（奈良県奈良市）

※欠史八代（二代～九代）については七十四ページ参照

東征する神武一行が紀伊半島を迂回し上陸したと伝えられる楯ヶ崎の岸壁（三重県熊野市）

第十代 崇神《すじん》天皇

実在した最初の天皇とされる

①御間城入彦五十瓊殖尊《みまきいりひこいにえのみこと》・御肇国天皇《はつくにしらす》 ②崇神天皇元(前九七)～崇神天皇六十八(前三〇) ③山辺道勾岡上陵《やまのべのみちのまがりのおかのえ》(奈良県天理市)

開化《かいか》天皇の第二子。父帝崩御後、五十二歳で即位し、磯城瑞籬宮《しきのみずがきのみや》(奈良県桜井市金屋)を都とする。疫病が流行すると、天神地祇を祀ってこれを収め、各地に将軍を派遣して諸国を平定。記紀の史実性が高まるのは崇神朝からとし、崇神を実質的な初代天皇とする見方がある。

第十一代 垂仁《すいにん》天皇

狭穂彦の反乱などの説話を残す

①活目入彦五十狭茅尊《いくめいりひこいさち》 ②垂仁天皇元(前二九)～垂仁天皇九十九(七〇) ③菅原伏見東陵《すがわらのふしみのひがし》(奈良県奈良市)

崇神天皇の第三子。父帝崩御後、四十四歳で即位し、纏向珠城宮《まきむくのたまきのみや》(奈良県桜井市穴師)を都とする。皇后狭穂《さほ》姫《びめ》(開化天皇の孫)が兄狭穂彦王《さほびこのみこ》とともに天皇暗殺を謀るも、天皇は軍を起こして狭穂彦・姫を滅ぼした。天照大神の祭祀を皇女倭姫命《やまとひめのみこと》に託し、命は伊勢神宮を創祀した。

第十二代 景行《けいこう》天皇

古代の英雄ヤマトタケルの父

①大足彦忍代別尊《おおたらしひこおしろわけ》 ②景行天皇元(七一)～景行天皇六十(一三〇) ③山辺道上陵《やまのべのみちのえ》(奈良県天理市)

垂仁天皇の第三子。父帝崩御の翌年即位し、纏向日代宮《まきむくのひしろのみや》(奈良県桜井市穴師)を都とする。記紀ともに景行朝の記事は皇子日本武尊《やまとたけるのみこと》(記では倭建命)の東西遠征が大部分を占めるが、紀では、日本武尊遠征の前に、天皇自身が熊襲《くまそ》征討のために西下したことが明記されている。

景行天皇陵に比定されている渋谷向山古墳(前方後円墳。奈良県天理市)

景行天皇の皇子で、成務天皇の異母兄弟のヤマトタケルノミコト(『芳年武者无類　日本武尊・川上梟師』より。国立国会図書館蔵)

第十三代　成務《せい》《む》天皇

地方行政を整え人心安定に力注ぐ

①稚足彦尊《わかたらしひこ》　②成務天皇元(一三一)～成務天皇六十(一九〇)　③狭城盾列池後陵《さきのたたなみのいけじり》(奈良県奈良市)

景行天皇の第四子。日本武尊の異母弟。父帝崩御の翌年、即位して志《し》賀高穴穂宮《がのたかあなほのみや》(滋賀県大津市付近)で治政を行った。在位は六十年に及んだが、記紀ともにその事績についてはほとんど伝えていない。

第十四代　仲《ちゅう》哀《あい》天皇

神功皇后への神託を無視した夫

①足仲彦尊《たらしなかつひこ》　②仲哀天皇元(一九二)～仲哀天皇九(二〇〇)　③恵我長野西陵《えがのながののにし》(大阪府藤井寺市)

日本武尊《やまとたける》の第二子で、母は両道入《ふたじのいり》姫命《ひめのみこと》(垂仁天皇の皇女)。叔父の成務《せいむ》天皇が崩御すると、先帝に男子がなかったため、翌年、即位。直系(親子間)ではなく傍系での皇位継承はこれが初。熊襲征討のため、気長足《おきながたらし》姫尊《ひめのみこと》(神功《じんぐう》皇后)とともに九州に入るも、橿日宮《かしひのみや》(福岡市)で神がかりした皇后が発した新羅《しらぎ》征討の神託を疑ったため、神の怒りに触れて命を落とした。

第十五代　応《おう》神《じん》天皇

三十ページ参照。

第十六代　仁《にん》徳《とく》天皇

「聖帝」と称された初の天皇

①大鷦鷯尊《おおさざき》　②仁徳天皇元(三一三)～仁徳天皇八十七(三九九)　③百舌鳥耳原中陵《もずのみみはらのなか》(大阪府堺市)

応神《おうじん》天皇の第四子。応神帝が崩御すると、異母兄弟の菟道稚郎子《うじのわきいらつこ》と三年にわたり皇位を譲り合うが、菟道稚郎子が死去すると、即位。難波の高津宮《たかつのみや》(大阪市中央区法円坂)を都としたが、高台から炊煙が立たないことを遠望して貧民を憂い、六年も税を免除したという。

仁徳天皇陵(大仙古墳。大阪府堺市)

第十七代 履《り》中《ちゅう》天皇

安定した治世を実現

①去来穂別《いざほわけ》尊　②履中天皇元(四〇〇)~履中天皇六(四〇五)　③百舌鳥耳原南《もずのみみはらのみなみ》陵(大阪府堺市)

父は仁徳《にんとく》天皇、母は皇后磐之媛《いわのひめの》命《みこと》(葛城襲津彦《かずらきのそつひこ》の娘)。皇太子だったが、仁徳天皇が崩じると、皇位継承をめぐって兄弟間で争いが発生。しかしこれを制し、六十五歳で、かつて神功皇后が宮居した磐余稚桜宮《いわれのわかさくらのみや》(奈良県桜井市池之内)で即位した。

第十八代 反《はん》正《ぜい》天皇

史上初めて兄弟継承を果たす

①多遅比瑞歯別《たじひのみつはわけ》尊　②反正天皇元(四〇六)~反正天皇五(四一〇)　③百舌鳥耳原北《もずのみみはらのきた》陵(大阪府堺市)

履中天皇の同母弟。仁徳帝崩御後、去来穂別皇子《いざほわけのみこ》(のちの履中天皇)の即位を助けて皇太子となり、履中帝崩御の翌年即位。天皇史上初の兄弟間の皇位継承。河内国の丹比柴籬宮《たじひのしばかきのみや》(大阪府松原市上田)を都とした。『宋《そう》書《じょ》』にみえる倭の五王のうちの珍《ちん》にあてられる。

第十九代 允《いん》恭《ぎょう》天皇

盟神探湯《くがたち》により姓の乱れを正す

①雄朝津間稚子宿禰《おあさづまわくごのすくね》尊　②允恭天皇元(四一二)~允恭天皇四十二(四五三)　③恵我長野北《えがのながののきた》陵(大阪府藤井寺市)

父は仁徳天皇。母は磐之媛命で、履中天皇、反正天皇の同母弟。兄反正帝が崩御すると、群卿たちから皇位継承を再三求められるも、病弱を理由にこれを固辞したが、やがて即位を決した。氏姓の乱れを盟神探湯《くかたち》(熱湯に手を入れて、神意を伺う古代の占い)によって糺した。

第二十代 安《あん》康《こう》天皇

皇后の連れ子に殺害される

①穴穂《あなほ》尊　②允恭天皇四十二(四五三)~安康天皇三(四五六)　③菅原伏見西《すがわらのふしみのにし》陵(奈良県奈良市)

允恭天皇の第二子。允恭帝崩御後、皇太子木梨軽皇子《きなしのかるのみこ》は暴虐で淫行におぼれたので信望を失い、弟穴穂皇子《あなほのみこ》が即位して安康天皇となり、石上《いそのかみ》穴穂宮《あなほのみや》(奈良県天理市田町)を都とする。だが、大草香皇子《おおくさかのみこ》(仁徳天皇の子《こ》)を横死させたため、大草香の子眉輪王《まよわのおおきみ》によって暗殺された。

第二十一代 雄《ゆう》略《りゃく》天皇

三十二ページ参照。

第二十二代　清寧《せいねい》天皇

皇后も御子もなかった「白髪天皇」

①白髪武広国押稚日本根子尊《しらがたけひろくにおしわかのやまとねこのみこと》（四八〇）～清寧天皇五（四八四）　②清寧天皇元　③河内坂門原陵《こうちのさかどのはらのみささぎ》（大阪府羽曳野市）

雄略《ゆうりゃく》天皇の第三子。雄略帝崩御後、兄弟間で皇位継承争いが生じるも、これを制して磐余甕栗《いわれのみかくり》（奈良県橿原市東池尻町）で即位。子がなく、雄略に殺害された市辺押磐皇子《いちのへのおしはのみこ》の遺児、億計王《おけのみこ》と弘計王《おけのみこ》が播磨国で見つかると、宮中に迎え入れ、億計王を皇太子、弘計王を皇子とした。

第二十三代　顕宗《けんぞう》天皇

父の仇・雄略帝の陵を破却

①弘計《おけ》尊・来目稚子《くめのわかご》尊～顕宗天皇三（四八七）　②顕宗天皇元（四八五）　③傍丘磐坏丘南陵《かたおかのいわつきのおかのみなみのみささぎ》（奈良県香芝市）

弘計王《おけのみこ》とも称し、父は履中天皇皇子の市辺押磐皇子《いちのへのおしはのみこ》。父が雄略天皇に殺害されると播磨国に逃れたが、先帝清寧に兄億計王《おけのみこ》とともに宮に迎えられた。清寧帝が崩御し、臨時に成務を執った飯豊皇女《いいどよのひめみこ》が亡くなると、近飛鳥八釣宮《ちかつあすかのやつりのみや》（奈良県明日香村八釣）で即位して顕宗天皇となる。

第二十四代　仁賢《にんけん》天皇

弟とともに苦難の幼少時代を送る

①億計《おけ》尊・大脚《おおし》・嶋郎《しまのいらつこ》～仁賢天皇十一（四九八）　②仁賢天皇元（四八八）　③埴生坂本陵《はにゅうのさかもとのみささぎ》（大阪府藤井寺市）

顕宗天皇の兄。清寧帝崩御後、いったん皇位を弟に譲るが、その弟顕宗天皇が在位三年ののちに崩御すると、石上広高宮《いそのかみのひろたかのみや》（奈良県天理市石上町）で即位。雄略天皇の娘で妃であった春日大娘皇女《かすがのおおいらつめのひめみこ》を皇后に立て、泊瀬列城宮《はつせのなみきのみや》（奈良県桜井市出雲）を都とした。

賢宗・仁賢天皇兄弟が、幼いころに皇位をめぐる騒乱を逃れ隠れ住んでいたと伝えられる「志染（しじみ）の石室（いわむろ）」（兵庫県三木市。三木市観光協会提供）

第二十五代 武烈《ぶれつ》天皇

悪逆無道の説話が多く伝わる

①小泊瀬稚鷦鷯尊《おはつせのわかさざき》 ②仁賢天皇十一（四九八）～武烈天皇八（五〇六） ③傍丘磐坏丘北陵《かたおかのいわつきのおかのきた》（奈良県香芝市）

父は仁賢天皇。仁賢帝崩御後、実権を握った大臣平群《へぐりの》真《ま》鳥《とりの》臣《おみ》を攻め滅ぼし、泊瀬列城宮で即位。しかし、暴虐を尽くし、奢侈にふけり、遊戯と酒に溺れ、在位八年ののち、継嗣のないまま崩御した。だが、紀が描く武烈天皇の暴君ぶりは、仁徳天皇からの皇統が武烈で断絶することから、「聖帝の末裔は暴君となる」という中国思想にもとづく文飾とする見方が強い。

第二十六代 継体《けいたい》天皇

三十四ページ参照。

第二十七代 安閑《あんかん》天皇

政権の直轄地「屯倉」を多数設置

①勾大兄尊《まがりのおおえ》・広国押武金日尊《ひろくにおしたけかなび》 ②継体天皇二十五（五三一）～安閑天皇二（五三五） ③古市《ふるちの》高屋丘《たかやのおか》陵（大阪府羽曳野市）

継体《けいたい》天皇の長子。紀によれば継体帝崩御年と安閑元年の間に二年の空白があることや、またその他の史料との記述の矛盾などから、継体帝崩御後、内乱が起こり、安閑・宣化《せんか》朝と欽明朝の二朝並立時代が続いたとする説がある。勾金橋宮《まがりのかなはしのみや》（奈良県橿原市曲川町）を都とした。

現在、宮内庁が比定しているのは大阪府茨木市の太田茶臼山古墳だが、写真の今城塚古墳が真の継体天皇陵ともいわれる（大阪府高槻市）

第二十八代 宣化《せんか》天皇

蘇我氏を初めて大臣に起用

①檜熊高田《ひのくまのたかだ》皇子・武小広国押盾尊《たけおひろくにおしたて》 ②安閑天皇二（五三五）～宣化天皇四（五三九） ③身狭桃花鳥《むさのつき》坂上《さかのえ》陵（奈良県橿原市）

継体天皇の第二子で、安閑天皇の同母弟。安閑帝が後嗣なく崩御したため、群臣から剣・鏡を奉られ、即位した。檜隈廬入野宮《ひのくまのいおりののみや》（奈良県明日香村檜前）を都とした。また、大伴金村と物部麁鹿火《もののべのあらかひ》が大連《おおむらじ》に再任されるとともに、新たに蘇我稲目《そがのいなめ》が大臣《おおおみ》に任じられた。

第二十九代

欽《きん》明《めい》天皇

百済から仏教が伝来

①天国排開広庭尊《あめくにおしはらきひろにわ》 ②宣化天皇四(五三九)〜欽明天皇三十二(五七一) ③檜熊坂合陵《ひのくまのさかあい》(奈良県明日香村)

継体天皇の皇子。安閑・宣化天皇の異母弟。宣化帝崩御後、安閑天皇皇后の春日山田皇女《かすがのやまだのひめみこ》を天皇に推すが、皇后が固辞したため即位。磯城島金刺宮《しきしまのかなさしのみや》(奈良県桜井市外山)を都とし、蘇我稲目の娘堅塩媛《きたしひめ》を妃とする。欽明朝に百済《くだら》から天皇に仏像と経典が送られた(仏教公伝)。

第三十代

敏《び》達《だつ》天皇

仏教をめぐり臣が対立

①渟中倉太珠敷尊《ぬなくらふとたましき》 ②敏達天皇元(五七二)〜敏達天皇十四(五八五) ③河内磯長中尾陵《こうちのしながのなかのお》(大阪府太子町)

欽明天皇の第二子。欽明帝崩御の翌年、即位。百済大井宮《くだらのおおいのみや》(奈良県北葛城郡広陵町付近か)を都としたが三年後、幸玉宮《さきたまのみや》(奈良県桜井市戒重)に遷った。異母妹豊御食炊屋姫《とよみけかしきやひめ》(のちの推古《すいこ》天皇)を皇后に迎えた。天皇は仏教を信じず、文学と史書を好んだという。

第三十一代

用《よう》明《めい》天皇

崇仏を明らかにした初の天皇

①大兄《おおえ》皇子・橘豊日《たちばなのとよひ》尊・池辺《いけのべ》皇子 ②敏達天皇十四(五八五)〜用明天皇二(五八七) ③河内磯長原陵《こうちのしながのはら》(大阪府太子町)

欽明天皇の第四子で、母は蘇我氏出身の堅塩媛。敏達天皇の異母兄弟。敏達帝崩御の年に即位し、池辺双槻宮《いけのへのなみつきのみや》(奈良県桜井市阿部)を営んだ。長子は廐戸皇子《うまやとのみこ》(聖徳太子)。天皇は仏法を信仰し、神道を尊重したという。朝廷内では物部氏と蘇我氏の対立が深刻化した。

第三十二代

崇《す》峻《しゅん》天皇

三十六ページ参照。

敏達・用明・崇峻・推古天皇の4代に大臣として仕え権勢を振るった蘇我馬子の墓といわれる石舞台古墳(奈良県明日香村)

第三十三代 推古《すいこ》天皇★

飛鳥最盛期を築いた日本初の女帝

①額田部《ぬかたべ》皇女・豊御食炊屋姫《とよみけかしきやひめ》尊　②崇峻天皇五（五九二）～推古天皇三十六（六二八）　③磯長山田《しながのやまだ》陵（大阪府太子町）

欽明天皇の皇女。用明天皇の同母妹、崇峻《すしゅん》天皇の異母姉。蘇我馬子《うまこ》は叔父。十八歳で敏達天皇の皇后となり、三十四歳で天皇崩御、三十九歳時に崇峻天皇が馬子に暗殺されると、豊浦宮《とゆらのみや》（奈良県明日香村豊浦）で即位。翌年、甥の厩戸皇子（聖徳太子）を皇太子とし、摂政に任じた。

第三十四代 舒明《じょめい》天皇

蘇我蝦夷の強力な後ろ盾で即位

①田村《たむら》皇子・息長足日広額《おきながたらしひひろぬか》尊　②舒明天皇元（六二九）～舒明天皇十三（六四一）③押坂内《おさかのうち》陵（奈良県桜井市）

父は敏達天皇の皇子押坂彦人大《おしさかのひこひとのおお》兄皇子《えのみこ》。推古帝崩御時、皇嗣の候補には聖徳太子の遺児山背大兄王《やましろのおおえのみこ》と田村皇子《たむらのみこ》がいたが、蘇我蝦夷《えみし》が推す田村皇子が即位して、舒明天皇となった。姪宝皇女《たからのひめみこ》（のちの皇極《こうぎょく》・斉明《さいめい》天皇）を皇后とし、百済宮《くだらのみや》（奈良県広陵町百済）で崩じた。

第三十五代 皇極《こうぎょく》天皇★

「乙巳の変」で退位した女帝

①宝《たから》・天豊財重日足姫《あまとよたからいかしひたらしひめ》尊　②皇極天皇元（六四二）～皇極天皇四（六四五）→第三十七代斉明天皇

父は敏達天皇の孫茅渟王《ちぬのおおきみ》、母は欽明天皇の孫吉備姫王《きびひめのおおきみ》。舒明天皇の皇后となり、天皇が崩御すると即位し、飛鳥板蓋宮《あすかのいたぶきのみや》（奈良県明日香村岡）を造営。蘇我蝦夷・入鹿父子の専横が強まると、皇極四年（六四五）、中《なかの》大兄皇子《おおえのみこ》（舒明と皇極の子）らは乙巳《いっし》の変を起こして父子を討って蘇我氏本家を滅ぼし、天皇は弟軽皇子《かるのみこ》（孝徳《こうとく》天皇）に譲位。

第三十六代 孝徳《こうとく》天皇

三十八ページ参照。

第三十七代 斉明《さいめい》天皇★

石造建設物を好んだ「石の女帝」

①皇極天皇重祚　②斉明天皇元（六五五）～斉明天皇七（六六一）　③越智崗上《おちのおかのえ》陵（奈良県高取町）

乙巳の変の十年後、孝徳天皇が崩御すると、退位していた皇極天皇が再位して斉明天皇となる。斉明七年（六六一）、百済救援のため中大兄皇子らと筑紫に赴くが、朝倉橘広《あさくらのたちばなのひろ》庭宮《にわのみや》（福岡県朝倉市）で急死。

第三十八代
天智《てんじ》天皇

四十ページ参照。

第三十九代
弘文《こうぶん》天皇

「壬申の乱」で敗れた悲運の皇子

①伊賀《いが》・大友《おおとも》 ②天智天皇十（六七一）～天武天皇元（六七二） ③長等山前陵《ながらのやまさき》（滋賀県大津市）

名は大友《おおともの》皇子《みこ》、父は天智《てんじ》天皇。近江の天智朝廷では皇嗣の有力候補だったが、天智帝崩御後、叔父大海人《おおあまの》皇子《みこ》（のちの天武《てんむ》天皇）が挙兵して壬《じん》申《しん》の乱（六七二）が起こり、これに敗れて縊死した。紀は大友皇子即位を記さないが、明治三年（一八七〇）に弘文天皇と追号され、歴代天皇に含められることになった。

第四十代
天武《てんむ》天皇

四十四ページ参照。

第四十一代
持統《じとう》天皇

律令国家を完成させる

①鸕野讃良《うののさらら》・高天原広野姫尊《たかまのはらひろのひめ》・大倭《おおやまと》根子《ねこ》天之広《あめのひろ》野日女《のひめ》尊 ②持統天皇四（六九〇）～持統天皇十一（六九七） ③檜隈《ひのくまの》大内《おおうち》陵（奈良県明日香村）

天智《てんじ》天皇の皇女。壬申《じんしん》の乱で夫大《おお》海人《あまの》皇子《みこ》に従い、夫が天武《てんむ》天皇になると皇后に。天武帝崩御後は皇太子草壁《くさかべ》皇子とともに政務を執るが、持統三年（六八九）、草壁皇子が死去。後嗣軽《かる》皇子（のちの文武《もんむ》天皇）が幼少のため、翌年、正式に即位。律令制の完成に尽力し、同八年に藤原宮《ふじわらのみや》（奈良県橿原市高殿町）に遷都。同十一年、軽皇子に譲位。

第四十二代
文武《もんむ》天皇

母と共同統治で「大宝律令」制定

①珂瑠《かる》（軽）・倭根子《やまとねこ》豊祖父《とよおおじ》天皇 ②文武天皇元（六九七）～慶雲四（七〇七） ③檜隈《ひのくまの》安古岡上《あこのおかのえ》陵（奈良県明日香村）

草壁皇子の第二子で、天武・持統夫妻の孫。母は天智天皇皇女の阿閇《あへの》皇女《ひめみこ》（のちの元明《げんめい》天皇）。持統天皇の譲位により十五歳で即位する。持統や藤原不比等《ふひと》に支えられながら藤原京で政務を執り、大宝律令制定を命じた。不比等の娘を夫《ぶ》人《にん》として、首親《おびと》王（のちの聖武《しょうむ》天皇）をもうける。

文武天皇陵（奈良県明日香村）

第四十三代 元明《げんめい》天皇★

和同開珎を発行、平城京遷都

①阿閇《あへ》・日本根子天津御代豊国成姫天皇《やまとねこあまつみしろとよくになりひめ》 ②慶雲四(七〇七)～和銅八(七一五) ③奈保山東《なほやまのひがし》陵(奈良県奈良市)

天智天皇の第四皇女。草壁皇子の妃となり、軽皇子《かるのみこ》(のちの文武天皇)・氷高皇女《ひだかのひめみこ》(のちの元正《げんしょう》天皇)を生む。文武天皇が二十五歳で崩御すると、文武の遺詔にしたがって即位。和銅三年(七一〇)、平城遷都を行う。和銅五年には太安万侶《おおのやすまろ》に撰上させた『古事記』が完成。

第四十四代 元正《げんしょう》天皇★

養老律令を編纂、三世一身を発布

①氷高《ひだか》・新家《にいのみ》・日本根子高瑞浄足姫天皇《やまとねこたかみずきよたらしひめ》 ②霊亀元(七一五)～養老八(七二四) ③奈保山西《なほやまのにし》陵(奈良県奈良市)

父は草壁皇子、母は元明天皇。文武天皇の姉。三十六歳のとき、皇太子首皇子(のちの聖武天皇)が幼少だったため、老齢の母元明の譲位を受けて即位。元正朝には養老律令の編纂、『日本書紀』の撰上、三世一身の法の発布などが行われた。在位九年で皇太子に譲位。

第四十五代 聖武《しょうむ》天皇

四十八ページ参照。

聖武天皇が遷都した紫香楽宮跡(滋賀県甲賀市。びわこビジターズビューロー提供)

第四十六代 孝謙《こうけん》天皇★

四十九ページ参照。

第四十七代 淳仁《じゅんにん》天皇

先帝との不和から廃帝され配流に

①大炊《おおい》・淡路《あわじ》公・淡路廃帝 ②天平宝字二(七五八)～天平宝字八(七六四) ③淡路陵(兵庫県南あわじ市)

天武天皇の孫で、舎人親王《とねりしんのう》の第七子。孝謙《こうけん》天皇の皇太子道祖王《ふなどおう》が廃されると、藤原仲麻呂《なかまろ》の後押しで立太子され、二十六歳のとき孝謙の譲位で即位。だが孝謙上皇と対立し、天平宝字八年(七六四)、反乱を企てた仲麻呂との共謀を疑われて捕えられ、天皇を廃されて淡路に流された。

第四十八代 称徳《しょうとく》天皇★

四十九ページ参照。

第四十九代
光仁《こうにん》天皇

五十一ページ参照。

第五十代
桓武《かんむ》天皇
平安遷都と東北の蝦夷攻略に尽力

①山部《やまのべ》・日本根子《やまとねこ》皇統弥照尊《あまつひつぎいやてらす》・延暦帝・柏原帝　②天応元（七八一）～延暦二十五（八〇六）　③柏原陵《かしわばら》（京都府京都市伏見区）

父は光仁《こうにん》天皇、母は百済系渡来人出身の高野新笠《たかののにいがさ》。高齢の光仁天皇の譲位により四十五歳で即位し、同母弟の早良親王《さわらしんのう》を皇太子に。延暦三年（七八四）、長岡遷都を行うも、寵臣の暗殺事件にからんで幽閉した早良親王が憤死すると、その祟りを恐れ、延暦十三年、平安遷都を行った。

第五十一代
平城《へいぜい》天皇

五十三ページ参照。

第五十二代
嵯峨《さが》天皇
法制整備と文化事業に注力

①神野《かみの》　②大同四（八〇九）～弘仁十四（八二三）　③嵯峨山上陵《さがのやまのえ》（京都府京都市右京区）

桓武天皇の第二皇子。平城《へいぜい》天皇の同母弟。平城天皇の譲位により二十四歳で即位。その後、健康を回復した平城上皇が国政に関与して混乱が生じたが、弘仁《こうにん》元年（八一〇）、薬子《くすこ》の変で上皇側は失脚。以後、政局は安定し、平安文化が華開き、嵯峨自身も詩文・書に才を発揮した。

第五十三代
淳和《じゅんな》天皇
法典整備など文化政策に尽くす

①大伴《おおとも》・日本根子《やまとねこ》天高譲弥遠尊《あめたかゆずるいやとお》・西院帝　②弘仁十四（八二三）～天長十（八三三）　③大原野《おおはらのの》西嶺上陵《にしのみねのえ》（京都府向日市）

桓武天皇の第三皇子。薬子の変で高丘親王《たかおかしんのう》（平城天皇の皇子）が廃太子となると立太子され、三十八歳のとき、異母兄の嵯峨天皇の譲位で即位。良吏を積極的に登用し、地方官に広範な権限を与え、親王任国や勅旨田を設定して皇室の財源を強化するなどして、政治の刷新を行った。

第五十四代
仁明《にんみょう》天皇
安定政治も藤原氏の専横に苦しむ

①正良《まさら》・深草《ふかくさ》帝　②天長十（八三三）～嘉祥三（八五〇）　③深草陵（京都府京都市伏見区）

嵯峨天皇の第一皇子。二十四歳のとき、叔父にあたる淳和天皇の譲位を受け即位。淳和の皇子恒貞親王《つねさだしんのう》が皇太子に立てられたが、承和《じょうわ》の変（八四二）で恒貞親王は廃太子となり、仁明帝の皇子道康親王《みちやすしんのう》（のちの文徳天皇）が皇太子となった。道康親王に近い藤原良房《よしふさ》の陰謀とされる。

第五十五代 文徳《もんとく》天皇

「承和の変」で即位する

①道康《みちやす》・田邑《たむら》帝 ②嘉祥三（八五〇）〜天安二（八五八） ③田邑陵（京都府京都市右京区）

仁明天皇の第一皇子。仁明帝崩御にともない二十四歳で即位。当初、皇太子に第一皇子の惟喬親王《これたかしんのう》を望んだが、最終的には、藤原良房の娘明子《めいし》を母とする第四皇子惟《これ》仁親王《ひとしんのう》が、のちに太政大臣《だいじょうだいじん》となる良房の後押しで立太子された。立太子をめぐっては、惟喬派と惟仁派の密教の高僧が祈禱合戦を繰り広げている。生来病弱で、三十二歳で崩御した。

清和天皇が社殿を造営したのにはじまる石清水八幡宮（京都府八幡市）

第五十六代 清《せい》和《わ》天皇

藤原摂関政治が隆盛を迎える

①惟仁《これひと》・水尾《みずのお》帝・素真 ②天安二（八五八）〜貞観十八（八七六） ③水尾山陵（京都府京都市右京区）

文徳天皇の第四皇子で、母は藤原良房の娘明子。文徳天皇の崩御にともない、九歳で即位。幼少のため、朝廷の実権は祖父で太政大臣の良房が握り、藤原氏による摂関政治の先駆けとなった。二十七歳で皇子（陽成《ようぜい》天皇）に譲位して出家し、三十一歳で没した。清和源氏の祖。

第五十七代 陽《よう》成《ぜい》天皇

暴虐の振る舞い多く廃された天皇

①貞明《さだあきら》 ②貞観十八（八七六）〜元慶八（八八四） ③神楽岡東《かぐらのおかのひがし》陵（京都府京都市左京区）

伯父である藤原基経《ふじわらのもとつね》を摂政《せっしょう》として九歳で即位。奇矯なふるまいの目立つ帝として後世の史書には「悪君の極」「物狂帝」などと記され、病を理由に十七歳で退位させられる。跡を継いだのは大叔父にあたる光孝《こうこう》天皇で、この後、陽成帝《ようぜい》の系統が皇位につくことはなかった。

第五十八代
光孝天皇《こうこう》

藤原基経を信頼し最初の関白に

①時康《ときやす》・小松帝 ②元慶八(八八四)~仁和三(八八七) ③後田邑陵《のちのたむら》(京都府京都市右京区)

仁明《にんみょう》天皇の第三皇子。それまでの皇統は兄・文徳《もんとく》天皇の血統にあったため、当初は皇位継承とは無縁の身であった。親王として常陸太守《ひたちのたいしゅ》、中務卿《なかつかさきょう》、上野《こうずけ》太守、太宰帥《だざいのそち》などを歴任する。陽成《ようぜい》天皇が廃されたのに伴い、藤原基経《ふじわらのもとつね》の後ろ盾を得て即位。ときに五十五歳であった。皇位にあっても身を慎み、子女を臣籍降下《しんせきこうか》させて源氏の姓を与えた。基経を重用しつつ綱紀の粛正を行い、三年間と短いながら充実した治世を実現させた。

第五十九代
宇多天皇《うだ》

「阿衡の紛議」で藤原基経と軋轢

①定省《さだみ》・空理・金剛覚・寛平帝《かんぴょう》 ②仁和三(八八七)~寛平九(八九七) ③大内山陵《おおうちのやま》(京都府京都市右京区)

光孝《こうこう》天皇の第七皇子。一時は臣籍にあったが、彼の後見人であった藤原淑子《ふじわらのしゃくし》の運動もあり皇族に復帰して即位する。先帝に引き続いて関白の地位にあった基経《もとつね》とは「阿衡の紛議《あこうのふんぎ》」で衝突し遺恨を残すが、彼の死後は改革を敢行し「寛平の治《かんぴょうのち》」と讃えられる親政を行った。

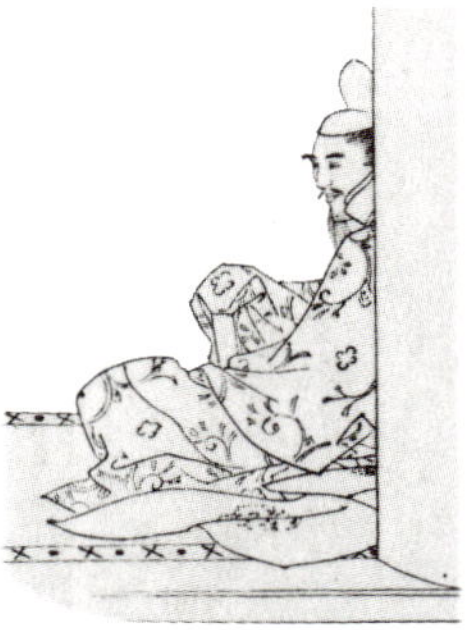

清和・陽成・光孝・宇多天皇の4代にわたり実権を握った藤原基経(『前賢故実』より。国立国会図書館蔵)

第六十代
醍醐天皇《だいご》

反藤原政権をめざす

①敦仁《あつぎみ》(初名 源維城《みなもとのこれざね》・金剛宝・延喜帝 ②寛平九(八九七)~延長八(九三〇) ③後山科陵《のちのやましろ》(京都府京都市伏見区)

宇多《うだ》天皇の第一皇子。上皇としての心影響力を保つ父から天皇としての心得『寛平御遺誡《かんぴょうのごゆいかい》』を賜った。その意志に従って藤原時平《ふじわらのときひら》と菅原道真《すがわらのみちざね》を左右大臣に迎えて親政を行い「延喜《えんぎ》の治」と称えられる。道真が自身の廃立を目論んでいるとして太宰府に左遷するが、都には災厄が続き祟りではとささやかれた。『日本三代実録《にほんさんだいじつろく》』編纂や『古今和歌集《こきんわかしゅう》』の勅撰など文化事業にも特筆すべきものがある。

第六十一代
朱雀天皇《すざく》

五十五ページ参照。

第六十二代 村《むら》上《かみ》天皇

安定した「天暦の治」を実現

①成明《なりあきら》・天暦《てんりゃく》帝 ②天慶九（九四六）～康保四（九六七） ③村上《むらかみ》陵（京都府京都市右京区）

醍醐《だいご》天皇の第十四皇子で、朱雀《すざく》天皇の弟。藤原忠平《ふじわらのただひら》が死去すると親政を行った。先代の醍醐《だいご》天皇の治世と並んで「延喜《えんぎ》・天暦《てんりゃく》の治《ち》」と讃えられたが、内実は先帝時代に起きた承《しょう》平《へい》・天慶《てんぎょう》の乱の影響もあって財政は逼迫していた。皇子の具平《ともひら》親王は村《むら》上《かみ》源氏《げんじ》の祖となった。

第六十三代 冷《れい》泉《ぜい》天皇

「安和の変」で藤原氏が他氏排斥

①憲平《のりひら》 ②康保四（九六七）～安和二（九六九） ③桜本《さくらもと》陵（京都府京都市左京区）

村上《むらかみ》天皇の第二皇子で生後すぐに立太子された。精神を病んでいたとされ、奇行の数々が記録に残る。即位すると藤原実頼《ふじわらのさねより》が関白として政務を行い、在位二年で譲位。後継者は弟の守平《もりひら》親王（円融《えんゆう》天皇）。以後、三代にわたりこの二人の血統が迭立《てつりつ》する状態が続いた。

第六十四代 円《えん》融《ゆう》天皇

藤原一族の内部抗争に翻弄される

①守平《もりひら》・覚如・金剛法 ②安和二（九六九）～永観二（九八四） ③後村上《のちのむらかみ》陵（京都府京都市右京区）

村上《むらかみ》天皇の第五皇子。安和の変で後ろ盾を失った兄の為平《ためひら》親王を飛び越えて立太子し、その翌年、摂政についた藤原実頼《ふじわらのさねより》が死去すると後継の藤原伊尹《ふじわらのこれただ》も一年あまりで世を去ってしまう。その後は藤原兼通《かねみち》・兼《かね》家《いえ》兄弟の勢力争いに翻弄された。

第六十五代 花《か》山《ざん》天皇

五十七ページ参照。

第六十六代 一《いち》条《じょう》天皇

文化・文芸の花が開く

①懐仁《やすひと》・精進覚・妙覚 ②寛和二（九八六）～寛弘八（一〇一一） ③円融寺北《えんゆうじのきた》陵（京都府京都市右京区）

「寛和《かんな》の変」で出家した花山《かざん》天皇に替わり即位。皇后に藤原道隆《ふじわらのみちたか》の娘・定子《ていし》がいたが、藤原道長《ふじわらのみちなが》によりその娘の彰子《しょうし》も中宮として迎え二人の后を持つこととなる。人柄は温厚、学問や管弦にも優れた天皇を戴く宮中では『源氏物語《げんじものがたり》』『枕草子《まくらのそうし》』など優れた文芸作品が生まれた。

後一条・後朱雀・後冷泉天皇の外祖父だった藤原道長（『前賢故実』より。国立国会図書館蔵）

第六十七代

三条天皇《さんじょう》

藤原道長との確執で退位

①居貞《おきさだ》・金剛浄　②寛弘八（一〇一一）～長和五（一〇一六）　③北山陵《きたやま》（京都府京都市北区）

冷泉《れいぜい》天皇の第二皇子。東宮として二十五年の月日を送り、即位した時には三十六歳になっていた。眼病を理由に藤原道長《ふじわらのみちなが》から譲位を迫られ、息子の敦明《あつあきら》親王を後一条《ごいちじょう》天皇の皇太子にする条件で承諾。しかし敦明親王は東宮を辞退してしまい、以後円融《えんゆう》の皇統が正統となる。

第六十八代

後《ご》一《いち》条《じょう》天皇

藤原道長がわが世の春を謳歌

①敦成《あつひろ》　②長和五（一〇一六）～長元九（一〇三六）　③菩提樹院陵《ぼだいじゅいん》（京都府京都市左京区）

一条《いちじょう》天皇の第二皇子。数え九歳で即位、十一歳で元服する。関白は藤《ふじ》原頼通《わらのよりみち》。中宮に迎えたのは藤原道《ふじわらのみち》長《なが》の娘で叔母にあたる九つ年上の威《い》子《し》であった。三代にわたる天皇の后すべてを己の娘から輩出した道長は「この世をば」の歌を詠んで喜びを表したと伝えられる。

第六十九代

後《ご》朱《す》雀《ざく》天皇

僧兵たちによる強訴が頻発

①敦良《あつなが》・精進行　②長元九（一〇三六）～寛徳二（一〇四五）　③円乗寺陵《えんじょうじ》（京都府京都市右京区）

一条《いちじょう》天皇の第三皇子で後一条の弟。敦明《あつあきら》親王が東宮を辞退したため即位。人柄は厳格で、荘園の増加に逼迫する財政の立て直しや南都北嶺の僧徒による強訴への対応に当たった。尊仁《たかひと》（のちの後三条《ごさんじょう》天皇）の立太子にあたっては藤原頼通《ふじわらのよりみち》の反発を招くがこれを強行した。

第七十代

後《ご》冷《れい》泉《ぜい》天皇

世の乱れで藤原摂関政治にかげり

①親仁《ちかひと》　②寛徳二（一〇四五）～治暦四（一〇六八）　③円教寺陵《えんきょうじ》（京都府京都市右京区）

後朱雀《ごすざく》天皇の第一皇子。先代に引き続き藤原頼通《ふじわらのよりみち》が関白として権勢をほしいままにした。しかしこの時代、摂関《せっかん》政治は徐々に衰微しつつあり末法思想《まっぽうしそう》の蔓延や奥州《おうしゅう》で勃発した前九年《ぜんくねん》の役《えき》など世は乱れていた。

COLUMN

欠史八代は実在したのか？

実在説と非実在説を追う

皇国史観《こうこくしかん》が正統とされていた時代に、日本史学者の津田左右吉《つだそうきち》（一八七三〜一九六一）は、神武《じんむ》から仲哀《ちゅうあい》天皇・神功《じんぐう》皇后にいたるまでの天皇が実在しなかったと主張し、著書を発禁処分にされ、早稲田大学教授職を失い、さらに出版法違反で起訴された。

その津田の説が、敗戦後、皇国史観を否定する勢いに押されて一気に主流化する。その後の批判的検討によって、十代崇神《すじん》天皇以降は実在したと考えられるようになったが、二代綏靖《すいぜい》から九代開化《かいか》天皇までの八代は非実在とするのが現在の通説である。

この八代は、『記紀』に系譜のみが記され、事績の記録がない。天皇の名が後世風である。皇位がみな父子継承され、のちの時代の実例とあわない。こうしたことが、実在を疑う根拠とされている。そして第十代崇神の和風諡号《しごう》が「初めて天下を治めた天皇」を意味するハツクニシラススメラミコトであるのは、崇神こそが真の初代であったからだとされる。

しかし、どの指摘も実在までを否定する根拠にはならないとして、八代の実在を主張する論者も少なくない。紀元前六六〇年とされる神武の即位年や八代の天皇のあまりに長すぎる在位期間はありえないことだが、そのような歪曲《わいきょく》があるからといって、存在そのものを否定することはできない。むしろ、そのような無理をしてでも記さないわけにはいかない存在があったことを示しているとも考えられる。それは大和《やまと》王朝が確立される前の一部族にすぎなかった時代の系譜か、あるいは崇神から始まる大和王朝に先立って存在した別の王朝の系譜であったかもしれない。

崇神以降の宮と陵墓は大和平野の東南部にあるのに対して、神武から開化までの宮と陵墓は大和平野の西南、葛城《かつらぎ》山の麓から畝傍《うねび》山にかけての地域に集中している。そこで民俗学者の鳥越憲三郎《とりごえけんざぶろう》（一九一四〜二〇〇七）は、神武から欠史八代までは葛城を本拠とした一族の系譜だと考え、葛城王朝と呼んだ。その葛城王朝を政治的基盤として、三輪山《みわやま》を本拠とする大和王朝を樹《た》てたのが崇神天皇だと考えたのである。

第2部

武士との対立をめぐる謎

中世・近代

71代後三条天皇から120代仁孝天皇まで

概説

「中世~近世」の天皇を知るために

対立だけでは語れない天皇と武士の関係

王権と武家の戦いの実態

今日では、院政期から戦国時代の終わりまで、おおよそ十二世紀はじめごろから十六世紀末ごろまでを「中世」とする見方が一般的である。中世の特色にもさまざまなものがあるが、そのひとつとして武士が社会における武力をほぼ独占していたという点があげられるだろう。

しかし、天皇がそれと真正面から衝突するということはありえないし、もしそうなっていたとしたら、天皇とそれに関わる諸制度が今日まで続くことはなかっただろう。「天皇と武士との対立」とみえる現象も、実態を捉えると天皇麾下《きか》の武力とそれ以外の勢力との対立である場合がほとんどであった。たとえば王権が剥《む》き出しの武力と対峙《たいじ》したようにみえる後白河院《ごしらかわいん》―木曾義仲《きそよしなか》の衝突（法住寺《ほうじゅうじ》合戦）や、後鳥羽院《ごとばいん》―鎌倉幕府との対立（承久《じょうきゅう》の乱）は、いずれも位を退いた上皇と武士との対立であり、天皇そのものが武力衝突の当事者となったわけではない。

一方で、平家の圧倒的な武力を背景にしたクーデターによって樹立された安徳《あんとく》天皇は、（皇位継承の資格を有していたにもかかわらず）皇統から排除された以仁王《もちひとおう》らの武力攻撃にさらされることとなった。圧倒的な武力は、王権の正統性を保証するものではない。これは武士にも天皇にもいえることで、剥き出しの暴力によって樹立された権力はおのずと正統性が欠けているものとみなされ、暴力的な反撃にさらされるのである。

朝廷の権威を尊重もした武家

「武者ノヨ」（慈円《じえん》『愚管抄《ぐかんしょう》』）といわれるほど、武士がめざましく社会進出を果たしたことも中世社会の大きな特徴のひとつであった。それ以前の時代にも武勇に優れた人物を追討《ついとう》使《し》に任じたり、京都の警固《けいご》に配置したりする事例はみられる。しかしいずれも突発・散発的な事例に留まり、彼らが恒常的に起用されるというようなことはほとんどなかった。

　ところが院政期になると、皇統の対立や、寺社強訴《ごうそ》の頻発などにより、自らの皇統を武力によって強固に守護する必要に迫られた院による動員が恒常化する。そこで伊勢平氏《いせへいし》や河内源氏《かわちげんじ》などが院麾下の武力として編成されたほか、各地に設置された荘園《しょうえん》を預かる下司《げし》などにも、諸国の国衙在庁《こくがざいちょう》を務めていたような武士が起用されるようになり、荘園領主（院や貴族、寺社）らとの関係をそれぞれ独自に展開するようになっていった。

　このような武士の社会進出をみると、彼らは武芸を活かした奉仕のほか、一般の貴族たちのような経済奉仕（荘園寄進の仲介、造寺・造塔・造仏、院知行国の運営実務）も行っていたのである。それは武士の政権といわれる幕府が成立したあとでも例外ではない。幕府は、内裏《だいり》や院御所《いんごしょ》などの警固のほか、その造営の費用を御家人らに賦課《ふか》するなどして積極的に協力しており、それが彼らのアイデンティティの一部にもなっていたのである（「武芸をこととなし、朝廷を警衛せしめたまわば、関東長久《かんとうちょうきゅう》の基たるべし」『吾妻鏡《あづまかがみ》』承元《じょうげん》三年〈一二〇九〉十一月七日条）。

　中世社会における武士は、朝廷の権威を相対化して私戦《しせん》を繰り返す側面と、朝廷の権威に依存する側面という、背反する特徴をもっていたのである。武士が貴族や寺社勢力と対立し合うといった単純な評価のみでは、中世における武士の存在形態や、天皇との関係を考えることはできない。

『聚楽第行幸図屛風』
後陽成天皇が豊臣秀吉の邸宅・聚楽第に行幸する様子。この行幸は、天下人となった秀吉の権威を高めるための一大イベントであった（堺市博物館蔵）

（参考文献）
『講座 前近代の天皇』全五巻（青木書店、一九九二〜九五年）
『岩波講座 天皇と王権を考える』全十巻（岩波書店、二〇〇二〜〇三年）
『天皇の歴史』全八巻（講談社、二〇一〇〜一一年）

中世〜近世

71代

後三条天皇

藤原氏から実権を取り戻した「親政の開始」

▼ごさんじょうてんのう
▼在位：一〇六八〜一〇七二
▼父／後朱雀天皇　母／禎子内親王（陽明門院）

【業績】

母は三条天皇の皇女で、藤原氏を母としない天皇はおよそ二百年ぶり。学を好み、才気に優れたといわれる。摂関政治で冷遇された貴族の登用や、延久の荘園整理令の発布など、藤原氏の力を抑えて親政を行った。

藤原道長が確立した摂関政治

後三条《ごさんじょう》天皇が登場する前提として、藤原道長《ふじわらのみちなが》の時代に最盛期を迎える摂関《せっかん》政治についてみておこう。道長が政権を握る以前は、藤原北家《ほっけ》の兄弟同士や賜姓《しせい》源氏らが競って入内《じゅだい》をはかり、入内させた娘と天皇との間に皇子が生まれると、次はその即位を狙って競い合うこととなった。競合の結果として、皇子の兄弟間で皇位継承がなされることもあった。

やがてこのような外戚《がいせき》をめぐる争いに勝利し、政権を掌握した道長のもとで、天皇と母后《ぼごう》・外戚（これらをミウチと称する）が協同して政権運営や安定した皇位継承を維持する構造が完成する。この安定した体制を主導し、皇位継承者選定権を握っていた道長は、もはや政権維持のための制度的な裏付けに頼る必要がなかった。道長は「摂関政治」の全盛期を導いたと評される一方で、摂政在任は一年ほどであり、（彼の自筆日記が『御堂関白記《みどうかんぱくき》』と呼ばれるにもかかわらず）関白には就任すらしなかったのである。

藤原氏を母としない後三条の即位

しかし、道長の跡を継いだ頼通《よりみち》は、入内させた娘たちと天皇との間に皇子が生まれなかったため、頼通の外戚としての地位はつねに不安定であった。また、いわばはじめから政治的勝利者であった頼通に対して、その兄弟たちは娘を入内させることも

平等院鳳凰堂（古写真）

藤原道長の別荘で、その子・頼通が寺院とした平等院。浄土を現したとされる鳳凰堂は、藤原家の栄華を今に伝えている（長崎大学附属図書館蔵）

制限された。このため、結果的に皇子が生まれる可能性も限定されることとなり、皇位継承にも微妙な影が差すようになるのである。

このような不安定要素を抱え込む頼通は、政権維持のために関白に長く留まるほかなかった（摂政・関白在任は合わせて五十年にもおよぶ）。そしてついに治暦《じりゃく》四年（一〇六八）、自らの係累にない皇子（尊仁《たかひと》親王）が即位することとなる。後三条天皇である。

この後三条天皇は、藤原氏出身の女性を母としない久しぶりの天皇となった（仁和《にんな》三年〈八八七〉即位の宇《う》多《だ》天皇以来）。後三条天皇も祖母まで遡《さかのぼ》れば藤原氏の係累に連なるものの、母后・外戚（ミウチ）が協同して皇位継承者選定権を握る体制は崩

後三条天皇略系図

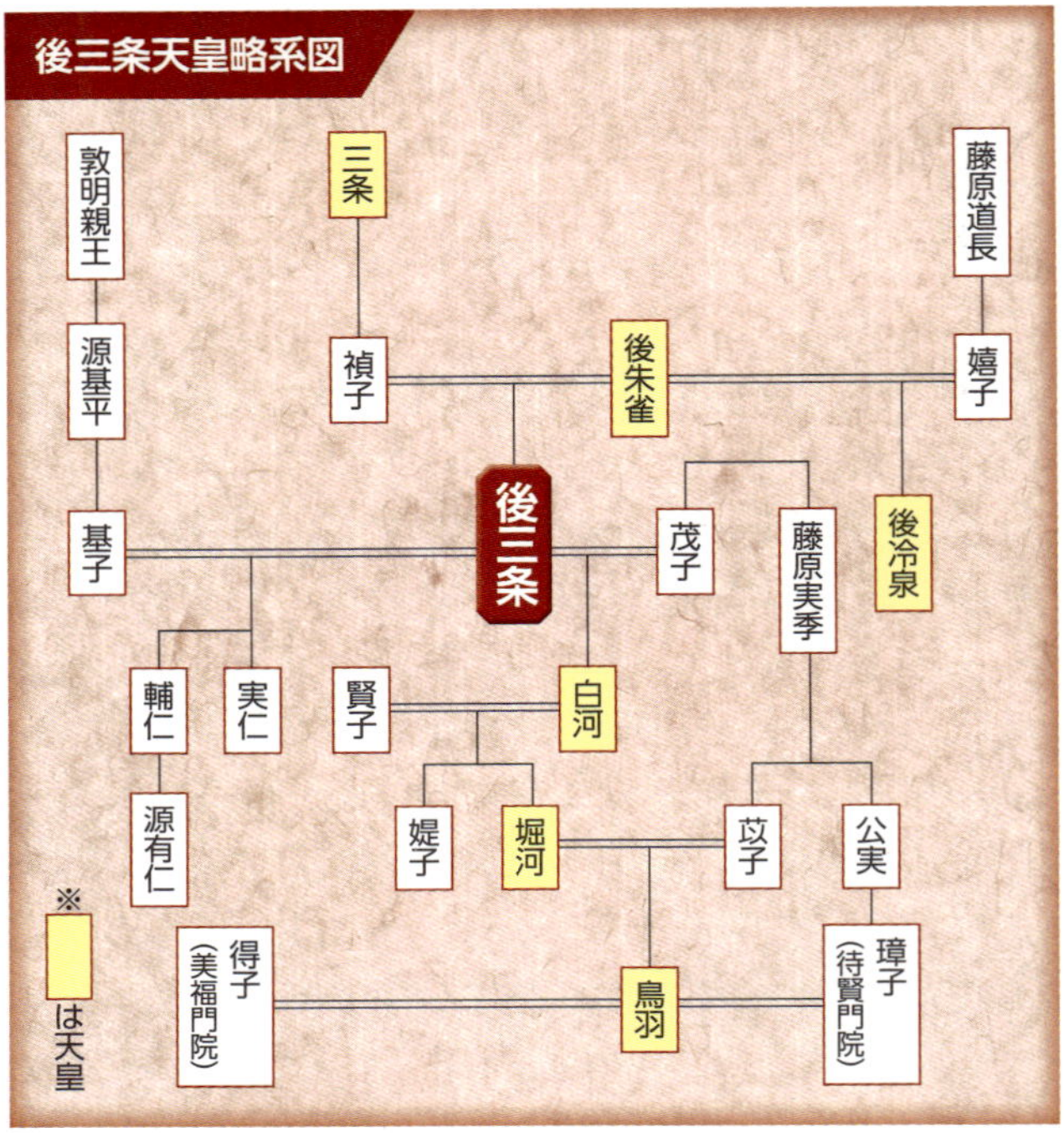

れることとなったのである。

　後三条親政下において、関白こそ上東門院《じょうとうもんいん》彰子《しょうし》の推挙で藤原教通《のりみち》（道長の子、頼通・彰子らの弟）が就任したものの、親政を真に支えたのは、道長の子息のなかでも傍流に追いやられていた頼宗《よりむね》や能信《よしのぶ》の子息たちのほか、大江匡房《おおえのまさふさ》など後三条が自ら抜擢した実務官人たちであった。

　彼らは藤原北家道長流がミウチの中核となる政権では日の目をみなかった人材であったが、即位以前から尊仁親王（後三条）を支え、即位後はその親政を支える存在となったのである。このような人脈をみてもわかるように、後三条の親政を単純に藤原氏との対立とのみ評価することはできない。また同時に、従来の身分にとらわれない人材抜擢という、のちの院政に繋がる動向もみられるのである。

　摂関政治から院政への移行を考えるうえで、皇位継承者選定権は大きな意味をもったのであり、以後の政治史においてもこれが重要な規定要因となっていくのである。

●賜姓源氏
皇族が「源」姓を与えられて臣下の籍に降りた家。清和天皇の子孫である清和源氏や、村上天皇の子孫である村上源氏など、ほかにもあわせて三十一の流派があるとされる。

●母后・外戚
この時代、天皇の母である母后と、その父や兄といった外戚が権力を振るった。

（参考文献）
美川圭『院政 もうひとつの天皇制』（中公新書、二〇〇六年）
佐伯智広『中世前期の政治構造と王家』（東京大学出版会、二〇一五年）

中世〜近世

74代

鳥羽天皇

洛中での武力衝突「保元の乱」を招く

▼とばてんのう
▼在位：一一〇七～一一二三
▼父／堀河天皇　母／藤原苡子

幼くして即位するが、祖父・白河院の意向で子の崇徳天皇に譲位。白河院の死後、院政を行い、近衛天皇、ついで後白河天皇を即位させるが、皇位継承に絡み、宮廷内の内紛を招いた。

【業績】

鳥羽天皇の後継をめぐる対立

鳥羽《とば》院政期は中世荘園《ちゅうせいしょうえん》の立荘が増大した時代であった。鳥羽院は立荘勢力としての末茂《すえしげ》流藤原氏（鳥羽院の寵妃《ちょうひ》・美福門院《びふくもんいん》も同流出身）のほか、学識に優れた信西《しんぜい》（藤原通憲《みちのり》）らを院近臣《いんのきんしん》として積極的に登用した。

しかし、立荘の拡大や人材の登用は、同様の動きを推進する摂関《せっかん》家主流（藤原忠実《ただざね》・頼長《よりなが》）との対立も惹起《じゃっき》した。鳥羽院の存命中は衝突も抑制されていたが、対立する双方が多くの武士を配下に編成しており、互いに衝突の緊張が高まっていた。

鳥羽院の後継には、ともに美福門院の猶子《ゆうし》となっていた重仁《しげひと》親王（崇《す》徳《とく》院の皇子）と守仁《もりひと》親王（雅仁《まさひと》親王の皇子）のふたりが候補に挙がっていたが、守仁親王の即位を前提に、まずはその父親である雅仁親王が即位することとなった。後白河《ごしらかわ》天皇である。

この複雑な即位の背景には、重仁親王が即位することで崇徳院による院政が開始されれば、自身の影響力低下が避けられず、王家主流からも排斥されてしまうことを危惧する美福門院と、摂関家主流の忠実・頼長父子と敵対し苦境に陥った関白・藤原忠通《ただみち》、さらに雅仁親王の乳母夫《めのと》でもあり権力の掌握をめざす信西《しんぜい》（藤原通憲《みちのり》）らの連携があったと推測される。

いずれにせよ、雅仁親王＝後白河天皇が擁立《ようりつ》されたことにより、崇徳

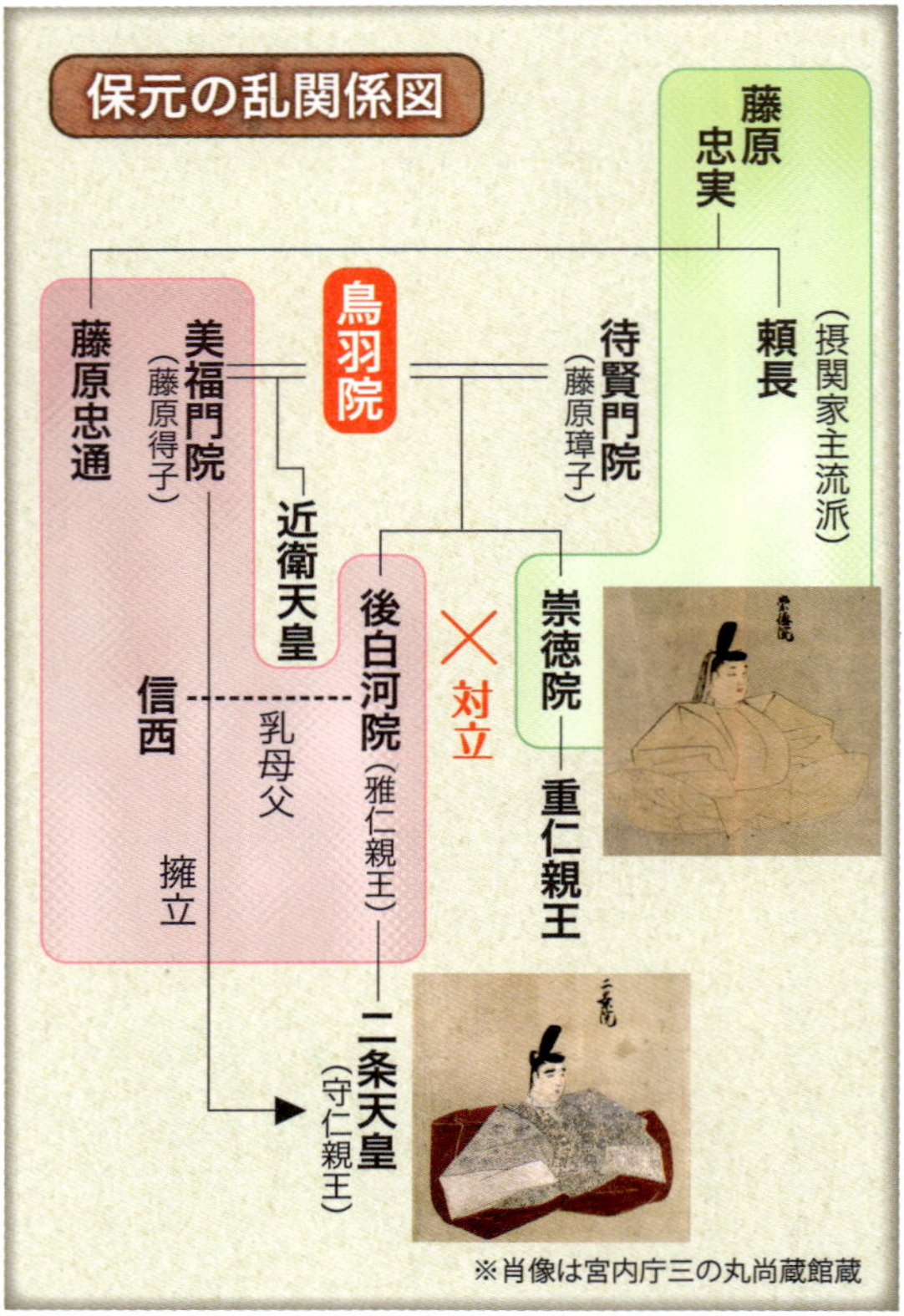

院は院政の道が閉ざされたのみならず、政権回復を目論む摂関家主流（忠実・頼長）らを結集させ、王家正嫡《せいちゃく》の座を狙う存在として、美福門院たちから危険視されることになったのである。そして、鳥羽院が崩じたことで政局の「たが」が外れ、事態はにわかに急変する。

武士を動員した衝突で摂関家主流が敗北

鳥羽院が崩じた直後の保元《ほげん》元年（一一五六）七月五日、「崇徳院と頼長が結託して軍勢を集め、謀叛を企んでいる」という噂が流された。美

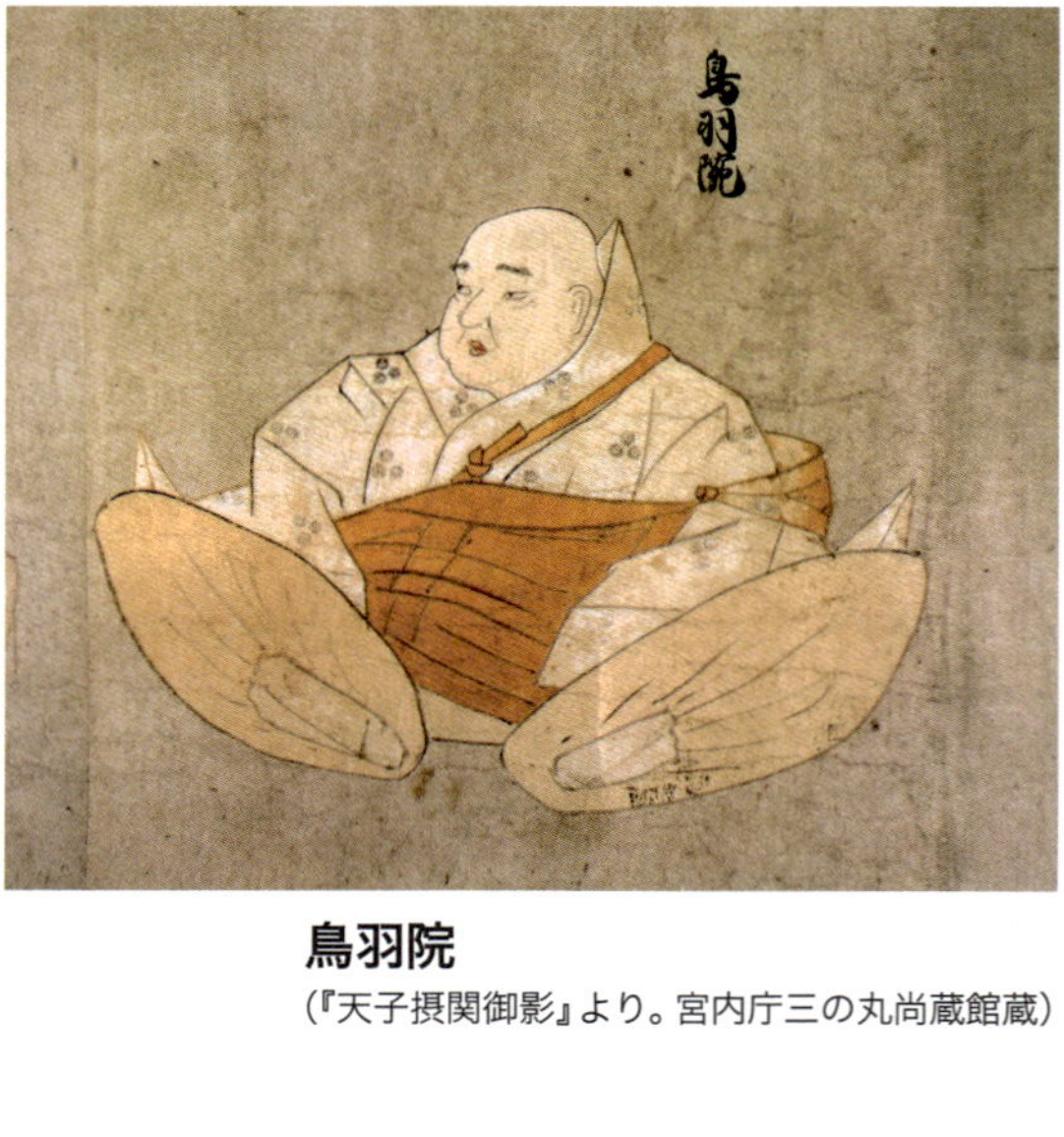

鳥羽院
（『天子摂関御影』より。宮内庁三の丸尚蔵館蔵）

福門院周辺の人びとも、そして摂関家主流の人びとも、いずれ武力による衝突は避けられないとみていたようであり、京都周辺に配下の武力が招集された。

　両陣営が武力による決着を予感していたのは、この当時、王家も摂関家も荘園管理のための武力として多くの武士団を家人《けにん》として従えており、政治的に追い詰められた陣営は武力行使に出ることが濃厚であるとみられていたからである。これを制するためには、同じく武力による追討が不可欠であるとみられていた。もはや宮廷内の陰謀や妥協などでは収拾のつかない火種を、双方が抱え込んでいたのである。

　このときに動員された武士は、摂関家のほうが自ら組織した家人であったのに対して、美福門院らは伊勢平氏や河内源氏の有力武士のほか、天皇の権限によって公的に動員された諸国の武士も多数加わっていた。中継ぎの即位で権威には欠けるといいながら、公的動員の権限は天皇である後白河が握っていたのである。

『保元合戦図屏風』
崇徳院・頼長らが結集した白河北殿に、先制攻撃を仕掛ける美福門院側の源義朝の軍勢を描く（馬の博物館蔵）

　七月十一日未明に美福門院・院近臣からの夜襲で始まった戦いは、同陣営の勝利に終わった。この結果、摂関家は事実上解体されて政治的影響力を失い、鳥羽院亡き後の王家もまた政治的求心力を大きく低下させていた。政界を取り仕切る存在がいなくなり、政局は流動的なままであったが、そこに頭角を現したのが信西とその一門であった。平治《へいじ》の乱（平治元年、一一六〇）は、この信西一門への反発から惹起されていくのである。

平治の乱
保元の乱後の平治元年十二月、後白河院の近臣である信西と藤原信頼の対立から、信頼・源義朝による院幽閉、信西殺害という事件が勃発。しかし、その信頼・義朝も平清盛によって倒された。

〔参考文献〕
元木泰雄『保元・平治の乱』角川学芸出版（角川ソフィア文庫）、二〇一二年

中世～近世

77代

後白河天皇

清盛との対立が引き起こした「鹿ヶ谷事件」

▼ごしらかわてんのう
▼在位：一一五五～一一五八
▼父／鳥羽天皇　母／藤原璋子（待賢門院）

【業績】

天皇退位後も三十年以上にわたって院政を敷き、保元・平治の乱から鎌倉幕府成立までの動乱の時代に、権力の安定を求めた。平清盛との協力と対立、源頼朝との共存など、武家勢力との関係に意を用いた。

後白河近臣が計画した平氏打倒の陰謀

安元《あんげん》三年（一一七七）六月一日、平《たいらの》清盛《きよもり》は平家打倒の陰謀があったとして院近臣らの一斉追捕《ついぶ》を敢行した。それぞれ首謀者とされた西光《さいこう》（阿波《あわ》国在庁官人の近藤氏出身で、もとは信《しん》西《ぜい》の家人）は捕らえられて斬首、藤《ふじ》原《わらの》成親《なりちか》は備前《びぜん》国へ流罪（七月九日に食物を与えられず殺害される）、俊寛《しゅんかん》らは鬼界《きかい》ヶ島《がしま》に流罪とされるなど、後白河院近臣は一網打尽にされた。いわゆる、鹿ヶ谷《ししがたに》事件である。この事件により後白河院は有力な近臣を失い、政治的地位の低下を余儀なくされた。

平家と後白河院は、

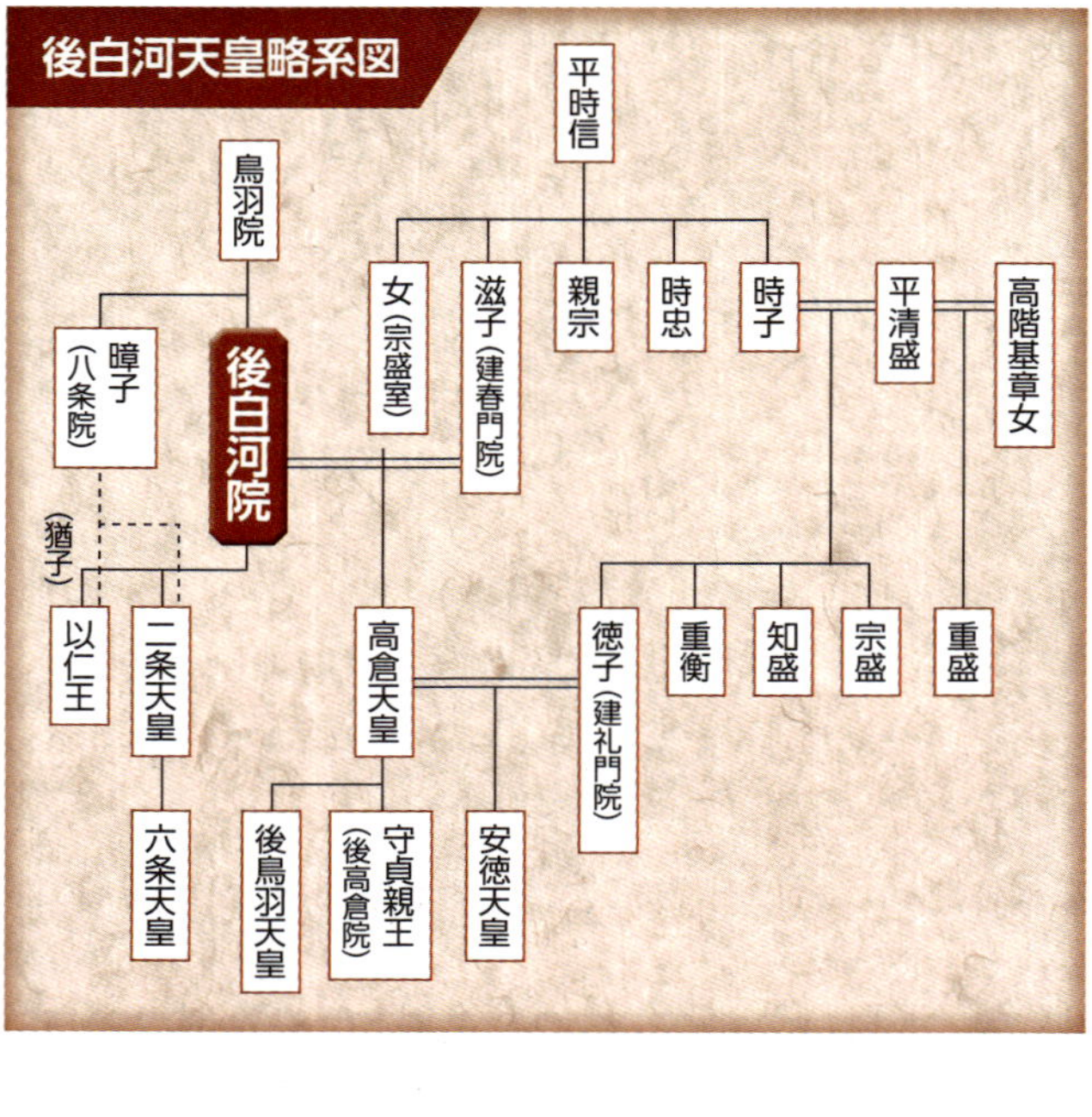

後白河院と建春門院《けんしゅんもんいん》（滋子、清盛室の妹）との間の皇子である高倉《たかくら》天皇を推戴《すいたい》するという点で利害が一致していた。しかしその高倉天皇の後継問題や、平家と後白河院との間を取り持っていた建春門院の死（安元二年）などによって、徐々に溝が深まり、ついには対立・衝突に至ったのである。

清盛による院近臣らの追捕、とりわけ成親らに対する苛烈な処罰は、比叡山延暦寺《ひえいざんえんりゃくじ》への攻撃を装った平家に対する攻撃、とくに清盛を「あやめる（殺害する）」計画が秘密裏に行われていたからとされる。後白河院とその近臣らは、平家と比叡山との対決を煽《あお》り平家の兵力を損耗させたうえで、近江《おうみ》・美濃《みの》・越前《えちぜん》諸国の武士を動員、これを攻撃するという計画であったという。

後白河院に接近した清盛の後継者・重盛

問題は、ここに平家一門内で微妙な立場に追いやられていた清盛の子・重盛《しげもり》の動員の可能性も含まれていたということである。つまり平家分裂の危機が胚《はい》胎《たい》されていたというのだ。重盛は名目上は平家の代表だが、つねに清盛の監督下におかれていた。しかも時子所生の宗盛《むねもり》・知《とも》盛《もり》・重衡《しげひら》らが台頭するにつれ、その地位も微妙なものとならざるを得なかった。

このような重盛と幾重にも婚姻関

後白河天皇木像
（長講堂蔵）

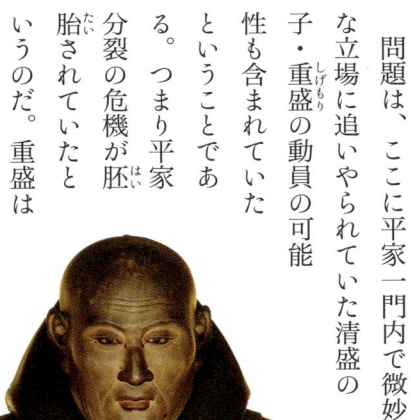

係を結び、彼を〝後白河院近臣〟として位置づけるうえで重要な役割を果たしたのが、藤原成親であった。成親は、平治の乱に際して藤原信頼《のぶより》と提携し、大国受領《ずりょう》系院近臣家出身の貴族でありながら「武勇《ぶゆう》の若殿上人《わかてんじょうびと》」と評されるほどの素養を持ち、実務能力にも優れていたようで、中納言《ちゅうなごん》や検非違使別当《けびいしべっとう》などの要職を歴任する、後白河院近臣の支柱だった。

後白河院の勢力を削り平家分裂の危機を回避

この成親に対する清盛の処罰（まったくの私刑である）が峻烈を極めたのは、清盛自身が「清盛以後」の平家のあり方を深く憂慮したからであるという。すなわち、清盛の死後、平家には分裂の恐れがあったのだ。それは、平家一門の名目上の代表者でありながら、成親を介して後白河院と接近しつつあった重盛を中心とする小松《こまつ》家と、時子所生の諸子（宗盛、知盛、重衡ら）で構成される平家主流派との分裂である。これに加え、従来から独立的な動向をみせる弟・頼盛《よりもり》以下の池《いけ》家の存在も憂慮していたに違いない。

このような分裂の危機を未然に防ぐため、清盛は早期に後白河院の政治力削減を図りたかったのであろう。そのためには後白河院近臣の中心であった成親らを抹殺する一方で、成親と結びその武力供給源となりえた重盛を無力化するという苦渋の決断も迫られたのである。

ただし、清盛もさすがに後白河院に対する罪は問わなかった。このとき平家の血脈を継ぐ皇子はおらず、当面は、後白河院政を維持せざるをえなかったからである。平家が後白河院と真正面から衝突するのは、皇子・言仁《ときひと》（のちの安徳《あんとく》天皇）の誕生を待ってからのことであり、それは◉治《じ》承《しょう》・寿永《じゅえい》の内乱のはじまりでもあった。

◉藤原成親（一一三八〜一一七七）
鳥羽院近臣だった家成の子。平重盛の義兄にあたり、娘を重盛の長男・維盛に嫁がせるなど関係が深かった。

◉鹿ヶ谷事件
京・東山鹿ケ谷にあった静賢法印（信西の子）の山荘で後白河院と藤原成親、西光、俊寛が平家打倒の謀議を行ったとされる事件。

◉治承・寿永の内乱
治承四年（一一八〇）後白河天皇の皇子・以仁王の令旨を受けた諸国源氏の挙兵から、元暦二年（一一八五）に壇ノ浦で平氏一門が滅ぶまで、全国的規模におよんだ内乱。

【参考文献】
元木泰雄『保元・平治の乱』（角川ソフィア文庫、二〇一二年）
元木泰雄『平清盛と後白河院』（角川選書、二〇一二年）

中世〜近世

82代

後鳥羽天皇

倒幕の野望がついえた「承久の乱」の敗戦

▼ごとばてんのう
▼在位：一一八三〜一一九八
▼父／高倉天皇　母／藤原殖子（七条院）

【業績】

安徳天皇が平氏とともに西国に逃れたため、神器なしに践祚。十九歳で譲位し土御門・順徳・仲恭天皇の三代で院政をしいた。鎌倉幕府と敵対し、承久の乱に敗れ隠岐に流される。和歌の才も発揮し『新古今集』を勅撰した。

幕府と協調路線とった後鳥羽院の政治

院政期においては、院が軍事動員権を掌握し、京武者《きょうむしゃ》を動員して京都やその周辺の治安維持を図るのは一般的なことであった。おもに京都周辺で頻発する強訴《ごうそ》など、寺社関連の紛争に対処するためである。

鎌倉幕府成立後に院政を開始した後鳥羽院も例外ではなく、幕府御家人で京都守護《きょうとしゅご》も務めていた平賀朝雅《ひらがともまさ》を側近として武力編成の中心に据えようとした。だが、その朝雅を幕府の内紛が原因で失うと（元久《げんきゅう》二年〈一二〇五〉）、幕府の影響を受けない独

後鳥羽天皇
（宮内庁蔵）

承久3年5月、在京の武士を集めた後鳥羽院が北条義時追討の院宣を出し挙兵。この動きをいち早く知った幕府軍は、総計20万ともいわれる大軍で三方から京を攻めて勝利した。戦後、幕府は京に六波羅探題を置き、西国にも権力をおよぼすようになった。一方の大敗を喫した後鳥羽上皇は隠岐へ、土御門上皇は土佐へ、順徳上皇は佐渡へ配流となった

自の武力編成の必要も痛感したとみられる。

後鳥羽院は幕府御家人を動員する体制も維持しつつ、幕府の内紛に左右されない独自の武力の育成・編成にも着手した。その中心にいたのは藤原秀康《ふじわらのひでやす》らであり、彼らは西面《さいめん》の武士と呼ばれるようになる。

編成の経緯からも明らかなように、西面の武士をはじめとする後鳥羽院の武力は、当初から幕府打倒を目的に編成されたものではない。そもそも、後鳥羽院政は幕府と親和性の高い政権であった。将軍・源実朝《みなもとのさねとも》と後鳥羽院は義理の兄弟にあたり（ともに坊門信清《ぼうもんのぶきよ》の娘を妻に迎えている）、実朝の側近にも後鳥羽院やその周辺と関係の深い人物（源仲章《なかあきら》、源光行《みつゆき》ら）が登用されていた。後鳥羽院は

実朝の昇進を支援していたし、彼を通じて幕府の統制を考えていたのである。

挙兵の目的は北条政権の打倒か？

その後鳥羽院が幕府に対して強い警戒心を抱くようになるのは、実朝が暗殺（建保《けんぽ》七年〈一二一九〉）されて以後のことである。当初は自身の皇子を実朝の後継者として鎌倉へ送ることすら考えていた後鳥羽院であったが、それも拒否し、ついには武力衝突に至る（承久《じょうきゅう》の乱）。

しかし、後鳥羽院は幕府を倒そうとしたのではない。彼が追討を命じたのは、幕府を実質的に主導していた北条義時《ほうじょうよしとき》であった（承久三年〈一二二一〉）五月十五日「官宣旨案《かんせんじあん》」〈小松美一郎氏所蔵文書〉）。諸国での検《けん》断《だん》や京都の治安維持などにおいて、幕府の存在自体は後鳥羽院にとっても有益なものであったから、自らの意向に忠実な御家人たちに幕府運営を委ねようとしたのであろう。

承久の乱において後鳥羽院側（京方）の中心となったのは、母の七条《しちじょう》院《いん》や後鳥羽院の妃で順徳院《じゅんとくいん》の母でもある修明門院《しゅうめいもんいん》の係累にそれぞれ繋がる人びとであり、おもな戦力となったのはそのときに在京していたなかでも北条氏とやや疎遠、ないしは対立する幕府御家人たちであった。いずれも、一大勢力であるのは間違いないが、貴族社会や幕府全体でみればやはり一部であって、このことからみても承久の乱を単純に「朝廷と幕府との武力衝突」とみなすことはできないのである。

乱の結果は、北条政子《まさこ》や幕府草創以来の宿老たちが御家人を束ね、後鳥羽院周辺の武力を壊滅させたことで、幕府側の勝利に終わった。これ以後、院政期以来の院（治天《ちてん》）の軍事動員権は解体され、幕府の政治的影響力がより一層浸透することとなった。

◉平賀朝雅（？〜一二〇五）
北条時政の後妻・牧の方の娘婿で京都守護。牧の方による、朝雅を将軍につけようとした陰謀が発覚し滅ぼされた。

◉源実朝（一一九二〜一二一九）
鎌倉幕府三代将軍。頼朝と北条政子の二男。北条政子・義時らの後援を受けて将軍となるが、甥の公暁に暗殺された。

【参考文献】
石井進『日本の歴史 七 鎌倉幕府』（中公文庫、二〇〇四年。初出は一九六五年）
野口実編『中世の人物 第二巻 治承〜文治の内乱と鎌倉幕府の成立』（清文堂、二〇一四年）
平 雅行編『中世の人物 第三巻 公武権力の変容と仏教界』（清文堂、二〇一四年）
長村祥和『中世公武関係と承久の乱』（吉川弘文館、二〇一五年）

中世～近世

88代

後嵯峨天皇

幕府と朝廷に翻弄された「皇族将軍の誕生」

▼ごさがてんのう
▼在位：一二四二～一二四六
▼父／土御門天皇　母／源通子

【業績】

四条天皇の没後、鎌倉幕府の後押しで即位。譲位後は後深草・亀山両天皇の間、院政を行う。第一皇子の宗尊親王を皇族初の征夷大将軍とした。また、亀山の皇子を皇太子に立てたため、持明院・大覚寺両統対立のもととなった。

幕府の影響が大きかった後嵯峨の即位

承久《じょうきゅう》の乱（承久三年〈一二二一〉）の結果、幕府の意向を受けて後高倉《ごたかくら》院《いん》（守貞《もりさだ》親王）が皇統を継ぐこととなった。また、後高倉皇統の後堀河《ごほりかわ》天皇、四条《しじょう》天皇を支える治天《ちてん》の代行として、九条道家《くじょうみちいえ》が摂政《せっしょう》に復帰した。

道家は承久の乱当時の摂政であり、責任の一端を問われて乱後しばらくは逼塞《ひっそく》していたのだが、乱後の公武関係に大きな影響力を有していたため、舅《しゅうと》の西園寺公経《さいおんじきんつね》の推薦があったのだという。道家は鎌倉幕府の将軍・九条頼経《よりつね》の父でもあったため、やがて朝廷を主導する権力を築いていく。

しかし道家は、承久の乱の首謀者であった後鳥羽《ごとば》・順徳《じゅんとく》両院に近い人脈に連なっていた。道家の姉・立子は順徳院の中宮《ちゅうぐう》で仲恭《ちゅうきょう》天皇（九条廃帝）の母であり、道家自身も仲恭天皇の摂政だったからである。そのほか、後鳥羽院政を支えた人びとの多くと人脈を持っていた。

西園寺公経の推薦によって道家の政界復帰を認めた幕府も、道家の専横には徐々に警戒を強めていく。とりわけ、文暦《ぶんりゃく》二年（一二三五）の春ごろに道家が後鳥羽・順徳両院の還京を幕府に提案したり、仁治《にんじ》三年（一二四二）に四条天皇が崩じた後の皇位をめぐって順徳院の皇子・忠成《ただなり》王を推薦するなど、いずれも後鳥羽・順徳両院を擁護するかのような行動に出たため、幕府の強い警戒心を惹《じゃっ》起《き》することとなった。
またこれらの件を通じて、ともに関東申次《かんとうもうしつぎ》をつとめていた西園寺家とも徐々に阻隔《そかく》を生ずるようになっていく。四条天皇の後継には、幕府が望み、西園寺家も支援した土御門天皇の子・邦仁王《くにひと》（後嵯峨天皇）が即位することとなった。

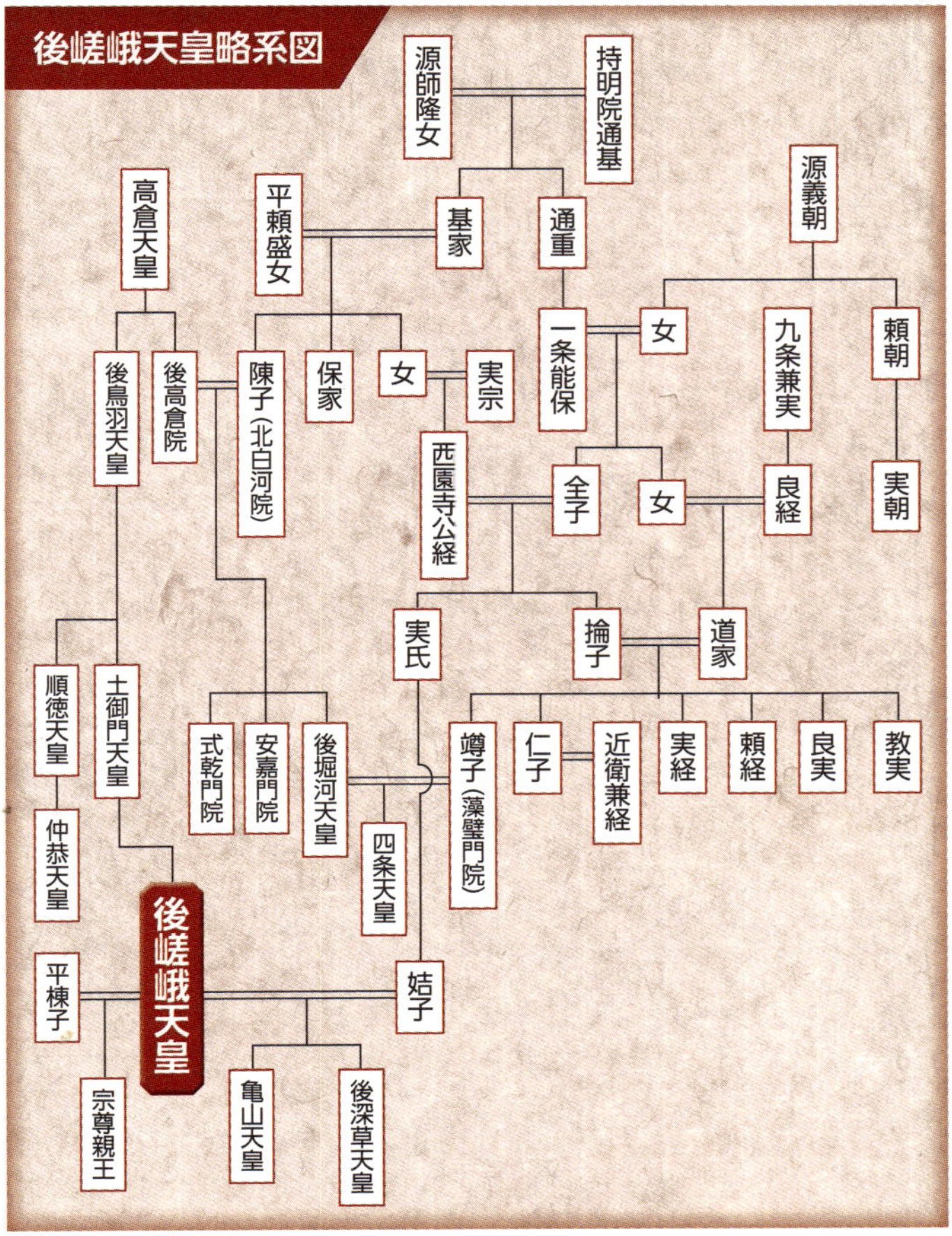

朝幕の連携強化をめざした皇族将軍の推戴

朝廷での道家の影響力が低下するなか、将軍・頼経は息子の頼嗣《よりつぐ》に将軍職を譲った後も鎌倉に留まり、大殿《おおとの》として隠然たる勢力を維持し続けたが、道家の幕府への介入を嫌う北条氏によって上洛を余儀なくされる（宮騒動《みやそうどう》）。

九条道家が退場した後の貴族社会では、後嵯峨院のもとで院評定制《いんひょうじょうせい》と院伝奏《いんでんそう》という相互に密接な制度の整備と、その下に弁官・蔵人《くろうど》が奉行として編成される体制が成立した。これは、幕府において執権《しっけん》・連署《れんしょ》が評定衆《ひょうじょうしゅう》を主導して重要案件を審議し、奉行人《ぶぎょうにん》が執行に当たる制度をモデルとしていた。

荘園関連の相論も、朝廷での審議

後嵯峨天皇

（『天子摂関御影』より。宮内庁三の丸尚蔵館蔵）

を経て、幕府（六波羅《ろくはら》探題《たんだい》）が執行に当たるという公武相互補完の体制が具体的に組み上げられていくなか、九条家出身の将軍を鎌倉に推戴する意味も薄れていった。より朝廷の中枢に近い人物を将軍に迎える必要が考慮された結果、後嵯峨天皇の皇子である宗尊《むねたか》親王の下向が決定されたのである。

宗尊親王は後嵯峨天皇と平棟基《たいらのむねもと》の娘・棟子との間の皇子である。棟子も宗尊も後嵯峨の寵愛を受けたが、棟基は身分が低く早世していたうえ、西園寺実《さね》氏《うじ》（公経の子）の娘・姞子も後嵯峨との間にふたりの皇子（久《ひさ》仁《ひと》＝後深草《ごふかくさ》天皇、恒《つね》仁《ひと》＝亀山《かめやま》天皇）をもうけていたため、宗尊に皇位継承は期待できなかったという事情もある。

幕府の制度と院政下の制度で相互補完の関係が強化されると、互いに連携の強化が図られるのは当然の流れである。かつて「天下を二分する」（『愚管抄《ぐかんしょう》』）と危惧された親王将軍の推戴《すいたい》も、東国の独立ではなく、東国への王権の権威浸透を意図した幕府の政策と考えるべきであろう。

●宮騒動
寛元四年（一二四六）、北条一門の名越光時が九条頼経に接近し、執権の地位を奪おうとした事件。頼経は京都に追放された。

●執権・連署
執権は、もとは政所別当の主席者で運営を取り締まる者のことであったが、幕府においては将軍を補佐して評定を主導した。連署は執権の補佐役。

【参考文献】
美川圭『院政の研究』（臨川書店、一九九六年）
平 雅行編『中世の人物 第三巻 公武権力の変容と仏教界』（清文堂、二〇一四年）

中世〜近世

96代

後醍醐天皇

なぜ流罪の身から倒幕・「建武新政の樹立」に成功したのか？

▼ごだいごてんのう
▼在位：一三一八〜一三三九
▼父／後宇多天皇　母／藤原忠子

【業績】

倒幕をめざすも正中の変、元弘の変に敗れ、隠岐に流された。その後、脱出し、新田義貞・足利尊氏らの支援で鎌倉幕府を滅ぼして建武新政権を樹立。しかし政策が武士の反発を呼び、尊氏らの挙兵で政権は瓦解。吉野に移り南朝を立てた。

分裂した皇統と貴族社会の混乱

後深草《ごふかくさ》天皇と亀山《かめやま》天皇にはじまる両統迭立《りょうとうてつりつ》に対して、鎌倉幕府は積極的な裁定を行わず「迭立」を維持した。やがて持明院統《じみょういんとう》（後深草天皇の子孫）・大覚寺統《だいかくじとう》（亀山天皇の子孫）双方の対立に加えて、それぞれの皇統の内部でも皇位をめぐる争いが起こるようになる。

両統迭立は皇統のみならず天皇・院・摂関家《せっかんけ》を頂点とする貴族社会全体の分裂でもあったため、それぞれの家が伝領する所領の分裂をもともなうものであった。所領の分裂は職《しき》の体系（貴族たちが家の格に応じて代々務める役職の構造）の分裂や動揺をもたらすこととなる。

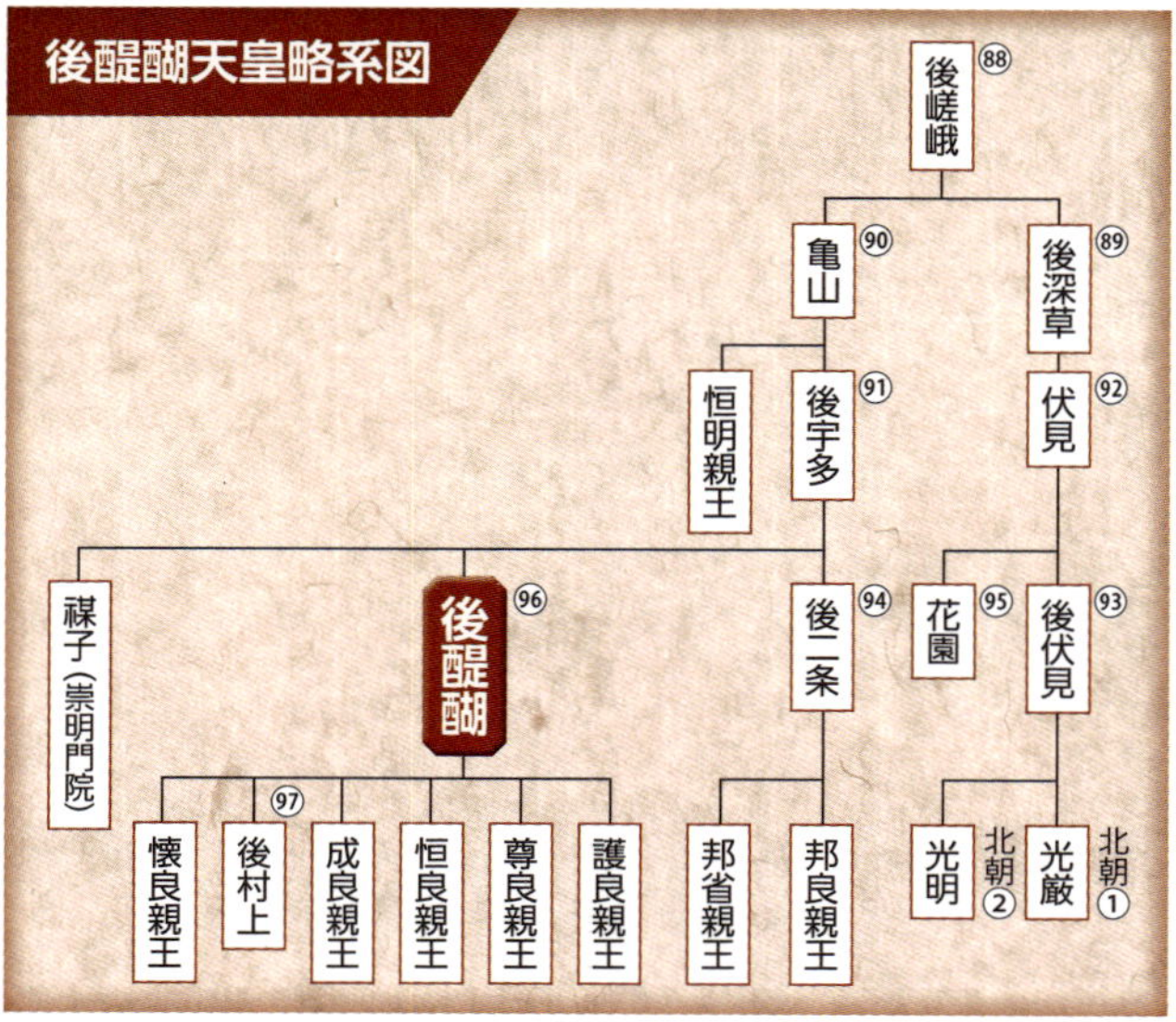

これを解決しうるのは「治天《ちてん》」による裁定であったが、両統迭立の状況にあってはその治天の立場すらも〝分裂〟にさらされるため、「治天」がほかの皇統へ移るとそれ以前の裁定はすべて覆されるといったような混乱が続いていた。幕府もそれを知っていながら、両統迭立の体制を黙認していたのである。

両統の対立を解消し皇位を一本化（独占）するには、両統迭立の状態を黙認する幕府を倒す以外にない。ここに後醍醐《ごだいご》天皇登場の前提がある。

後醍醐天皇（諱《いみな》は尊治《たかはる》）は徳治《とくじ》三年（一三〇八）に持明院統の花園《はなぞの》天皇の即位にともなって立太子し、文《ぶん》保《ぽう》二年（一三一八）二月にはその花園天皇の譲位を受けて践祚《せんそ》した。同年三月に即位したときには三十一歳となっていたが、この年齢での即位は治暦《じりゃく》四年（一〇六八）に三十六歳で即位した後三条《ごさんじょう》天皇以来の高齢であった。

しかし、即位した後も三年ほどの間は父・後宇多《ごうだ》院の院政が続いたうえ、その後宇多院の遺言状にもとづき、後醍醐ははじめから兄である後《ご》二条《にじょう》天皇の遺児で、皇太子の邦良《くによし》親王が成人して皇位につくまでの中継ぎとして位置づけられていたのである。

傍流であるがゆえに皇統主流とも敵対

元亨《げんこう》元年（一三二一）、後宇多院は院政を停止して遁世《とんせい》し、ここにようやく後醍醐の親政が開始されることとなった。このような経緯で即位した後醍醐は、朝廷内部に確固たる支持基盤を有しなかった。なぜなら、天皇は大覚寺統のなかでも傍流《ぼうりゅう》の立場であり、その即位も「中継ぎ」を前提としたものであったため、朝廷を主導すべき「治天」となる資格もなかったからである。そのため、退位しても主体的な院政を行うことはできず、自ら主体的な皇位継承を設計することもできなかったため、彼のもとに集う人びとは限られていたの

笠置山中の後醍醐天皇
元弘の変では、京を脱出した後醍醐が、笠置山で挙兵するも幕府に敗れた。その後、隠岐に流される（『太平記絵巻』より。埼玉県立歴史と民俗の博物館蔵）

である。

後醍醐が自己の子孫への主体的な皇位継承を実現するためには、大覚寺統嫡流《ちゃくりゅう》（兄・後二条天皇の系統）や持明院統、およびそれらを支持する公家社会主流派との争いに勝利しなければならなかったのである。そしてその先には、両統迭立を黙認する鎌倉幕府の否定が浮かび上がってくる。これが後醍醐による倒幕運動の動機であるが、重要なことは、幕府だけが後醍醐の攻撃対象となったのではないということである。

　後醍醐がまず争うべき相手は、ほかの皇統（大覚寺統主流、持明院統）なのである。後醍醐が大覚寺統のなかでも傍流であり、座していては安定した「治天」の地位の望みは皆無であったためにかえって積極的な打開策（倒幕）に踏み切ったのは、傍流に追いやられた人びとがより先鋭的な行動を取った平治《へいじ》の乱の首謀者たち（藤原信頼《のぶより》、藤原経宗《つねむね》、藤原惟方《これかた》、藤原成親《なりちか》ら）や、以仁王《もちひとおう》の挙兵などにも共通する傾向であったといえよう。

　一方、皇位継承への過度の干渉を嫌う鎌倉幕府は、両統迭立を維持することが基本方針であった。そうである限り、皇位継承の問題がこれ以上こじれることは幕府にとっても容認できるものではない。

武力倒幕の成功と後醍醐による親政の開始

正中《しょうちゅう》元年（一三二四）の最初の倒幕計画は未然に発覚し、側近らが処罰されたものの後醍醐自身には追及もおよばなかった（正中の変）。

元弘《げんこう》元年（一三三一）にも再び倒幕の計画が発覚した。側近の吉田定《よしださだ》房《ふさ》が幕府に密告したのだが、このときは後醍醐も隠岐島《おきのしま》へと流されてしまう（元弘の変）。流罪《るざい》となった後醍醐であったが、その後脱出する。

また、この間に各地で反幕府の動きも加速し、関東・畿内《きない》・鎮西《ちんぜい》をはじめとする各地で幕府御家人《ごけにん》らも蜂起《ほうき》した結果、鎌倉幕府は倒された（元

弘三年／正慶《しょうきょう》二年）。京都に戻った後醍醐は悲願であった「治天」の地位を得て政権を主導する。建武《けんむ》の新政である。

建武政権の特徴のひとつとしてあげられる言葉に、「綸旨万能《りんじばんのう》」がある。これは、すべての政治的決定を綸旨で通達し、あるときは自ら執筆してまで綸旨を発給し、綸旨がなければすべてが始まらないという後醍醐の政治の特徴をとらえた言葉である。

後醍醐政権における綸旨の用途の特徴は、とくに軍勢催促《ぐんぜいさいそく》や新恩給与《しんおんきゅうよ》、本領安堵《ほんりょうあんど》に顕著であるという点である。いい換えれば、後醍醐との主従関係の構築・維持がおもな目的で使用されたというのである。

鎌倉幕府打倒のために後醍醐個人へと諸勢力を結集させる必要から綸旨が多用されたが、新政の安定的な運営のためには、個人の力量には大きく左右されない官僚機構を用いた政権運営への移行が必要であった。「綸旨万能」から、雑訴決断所《ざっそけつだんしょ》をはじめとする官僚機構による裁定への移行は、戦時体制から平時の体制への移行を示す動向であって、「綸旨万能」の放棄＝後醍醐の方針転換とはいえないのである。これは、伊豆国《いずのくに》で挙兵し、東国から畿内・西国へ至る平家追討戦を経て平泉《ひらいずみ》藤原氏を滅ぼしたのち、平時の体制への移行を模索した源頼朝《みなもとのよりとも》の政権運営とも重なるのではないだろうか。

このような特徴をみるとき、建武政権の成立過程はむしろ軍事政権のそれであったといえる。天皇が主導し、貴族たちが政権中枢を占めてはいたものの、建武政権の成り立ちは貴族政権の復活というよりもむしろ幕府のそれに近いといえよう。

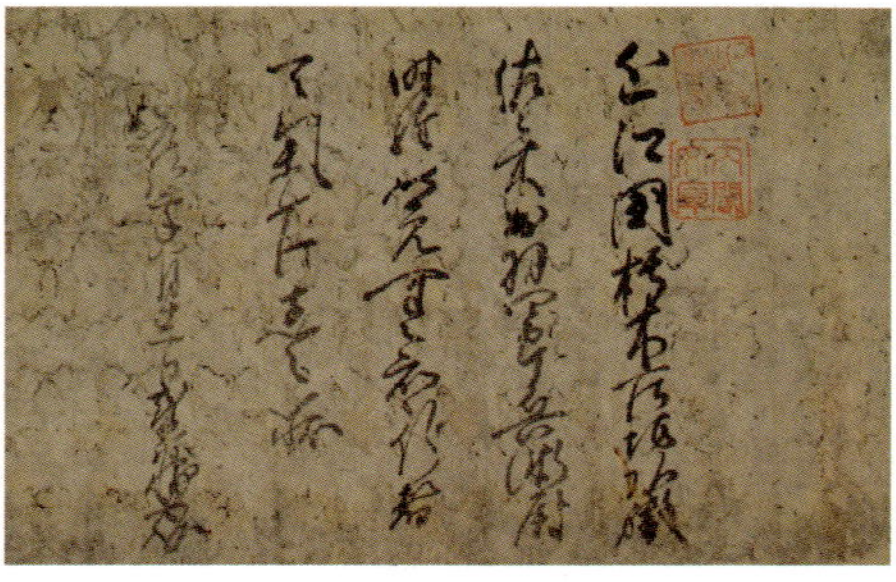

後醍醐天皇の綸旨

元弘3年(1333)8月12日の後醍醐天皇綸旨。近江国朽木荘の地頭職を従来どおり佐々木(朽木)時経に与えるというもの(国立公文書館蔵)

貴族社会の掌握に失敗 新政、反乱に倒される

しかし後醍醐個人への強い求心力をもつ建武政権も、すべての勢力を結集させることができたわけではない。

元弘の変以来の討幕運動の過程で、ただでさえ少数派であった後醍醐側近の貴族たちが多数命を落としていたうえに、新政の開始後も先代にあたる光厳《こうごん》天皇（鎌倉幕府が擁立《ようりつ》した持明院統の天皇）の時代の官位を否定するなどして、この時期に昇進を果たしていた貴族社会の主流派から反感を買っていた。後醍醐の念願であった両統迭立の解消を実現したにもかかわらず、自ら迭立の時代と同じ悪習を引きずっていたのである。このため、後醍醐は貴族社会全体の掌《しょう》握《あく》にすら困難をきたしていた。

後醍醐天皇

（模写。東京大学史料編纂所蔵）

さらに、建武政権は武力によって鎌倉幕府を打倒することで樹立された政権であった。武力によって樹立された政権は、反撃の武力攻撃にさらされる危険とつねに隣り合わせとなるのだ。治承《じしょう》三年（一一七九）、平家の軍事クーデターによって樹立された平家政権が、以仁王の挙兵をはじめとする諸国の武士の激しい反撃を受けたように、建武政権もまた、中《なか》先代《せんだい》の乱とそれに続く足利尊氏《あしかがたかうじ》の反乱を惹起《じゃっき》するに至ったのである。

さらに、後醍醐は武力によって鎌倉幕府を倒したものの、幕府がその正統性を保証する皇統として推戴《すいたい》していた持明院統を完全に打倒したわけではなかった。結果、持明院統は建武政権に反旗を翻した足利尊氏に正統性を与えることとなり、鎌倉時代から継続していた両統迭立の問題が再燃、南北朝の動乱へと続くこととなったのである。

◉両統迭立
後嵯峨院の皇子、後深草院と亀山天皇が対立し、後深草系の持明院統と亀山系の大覚寺統が交互に皇位につくこととなった。

◉治天
天皇家の家督者として政務の実権を握った上皇または天皇のこと。

◉綸旨
天皇の意向を蔵人（くろうど）が承って発給する様式の文書。

◉中先代の乱
建武二年（一三三五）、北条時行が建武政権側を破り鎌倉を占拠した事件。足利尊氏はこれをきっかけに建武政権から離反、翌年には京を占領して政権を崩壊させた。

【参考文献】
市沢哲『日本中世公家政治史の研究』（校倉書房、二〇一一年）

中世〜近世

100代

後小松天皇

足利義満による「皇位簒奪未遂」の真相

▼ごこまつてんのう
▼在位：一三八二〜一四一二
▼父／後円融天皇　母／藤原厳子（通陽門院）

【業績】

将軍・足利義満の後援で北朝六代天皇として即位。南北朝合一がなり、南朝の後亀山天皇から神器を継承した。在位中は実権を義満に握られていたが、その死後、称光天皇に譲位、院政を行った。

公武の上に立つ強大な権力目指した義満

建武政権の成立と崩壊、室町幕府の成立の間に南・北それぞれの朝廷が生み出され、五十年以上にもおよぶ南北朝の分裂が続いていた。南朝は武力に優越する北朝側からの攻撃に絶えずさらされ続けて徐々に疲弊《ひへい》し、北朝との戦いを単独で続行することは困難になっていく。一方の北朝も、室町幕府の支持があってこそ存在し、幕府に正統性を付与することが最大の存在意義となっていった。

このような状況で足利義満《あしかがよしみつ》の指導のもと、南北朝の合一（明徳《めいとく》三年／元中《げんちゅう》九年〈一三九二〉）が実現する。この義満の権力を天皇に比肩するものと評価して、義満による「王権簒《おうけんさん》奪《だつ》」があったのかどうか議論されたことがあった。

義満は有力諸大名に対する統制のみならず、朝廷に対しても朝儀の復興と表裏一体のさまざまな統制を加えることで支配を進めていった。義満による朝廷支配は、公武にまたがる諸階層の上に君臨する権力を樹立するための、一階梯《かいてい》にすぎなかったともいえる。

この義満による朝廷支配の様相を検証する過程において、室町殿《むろまちどの》（室町将軍家の家長のこと。将軍である場合もそうでない場合もある）の優位を前提に、室町殿と天皇・院が共同運営する公武統一政権の構造の具体的な解明が進んだ。さまざまな国家権力のなかでも、義満が天皇や院から

後小松天皇
（雲龍院蔵）

奪取しえた部分と、最後まで天皇に残された部分とが明確にされたのである。

このうち、義満が掌握しえた部分は中世王権を実質的に支配していた「治天《ちてん》」の管轄下であったことに注目することで、義満が治天（院）とほぼ同質の王権を確立しえたと評価された。このような検討を踏まえて、義満による「王権簒奪」が議論されることとなったのである。

義満死後は幕府優位も朝廷の権威は存続

これらの議論で重要なことは、義満による〝簒奪〟の過程を詳しく検証することで、むしろ中世における天皇や治天の権限が明らかにされたということにあるのではないだろうか。

実質的な治天として朝廷を支配下においた義満の死後（応永《おうえい》十五年〈一四〇八〉五月）、後継者の足利義持《よしもち》が父・義満の築き上げた地位をどのように扱うのか、公武双方からその動向が注目された。結局は、義満が築き上げた地位がそのまま継承されることはなかった。義持は、幕府の朝廷に対する優位性は維持しながら、室町殿の地位を治天である後小松《ごこまつ》天皇の補佐という立場に落ち着かせた。義満とは異なる穏当な判断であったといえよう。そしてこのような室町殿の立場は、以後の公武関係において基本的に維持されていくこととなるのである。

また、死後の義満に対して太上天《だじょうてん》皇《のう》の尊号《そんごう》を宣下《せんげ》するかどうかという問題についても、義持をはじめとして斯波義将《しばよしゆき》以下の幕臣や朝廷関係者の間に穏当な了解ができていたとみられる。すなわち、義満の生前の希望を汲んだ朝廷側は恭《うやうや》しく太上天皇の尊号を提示しつつ、幕府側も阿吽《あうん》の呼吸でただちにそれを辞退し、沙《さ》汰《た》止みとなった。

義満が朝儀の復興や南北朝の合一に尽力し、朝廷を従属させる権威・権力を築き上げたことは事実だが、

明治後期の鹿苑寺金閣

鹿苑寺は、足利義満が別荘・北山弟として造営した。応永15年（1408）には後小松天皇の行事を仰ぎ、義満は盛大な宴を催している。昭和の焼失以前の金閣は造営当時から残る貴重な建物だった（国立国会図書館蔵）

足利義満（1358～1408）

室町幕府第3代将軍。南北朝合一を果たし、日本国王を称して明と勘合貿易を開くなど、室町幕府の最盛期を築いた（模写。東京大学史料編纂所蔵）

朝廷を支える廷臣はもちろんのこと、幕府の側でも義満が天皇・上皇の権威を侵すことを望んではいなかった。義満が中心となって統一・復興が進んだ朝儀も軌道に乗ると、君臣の秩序を平常時に相応《ふさわ》しいあり方へ整理しなおそうという方向へ向かうのは当然の帰結ともいえる。

◉**太上天皇**
上皇。譲位後の天皇に贈られる尊号だが、後高倉院（後堀河天皇の父）など、即位せずに尊号だけ贈られた例もある。

（参考文献）

富田正弘「室町殿と天皇」（『日本史研究』三一九、一九八九年）
今谷明『室町の王権―足利義満の王権簒奪計画』（中公新書、一九九〇年）
松永和浩「室町殿権力と公家社会の求心構造」（『ヒストリア』二〇八号、二〇〇八年）
桃崎有一郎「足利義持の室町殿第二次確立過程に関する試論―室町殿の同時代的・歴史的認識再考―」（『歴史学研究』八五二、二〇〇九年）
石原比伊呂「足利義教と義満・義持～朝廷行事における行動の分析から」（『歴史学研究』八五二、二〇〇九年）
小川剛生『足利義満』（中公新書、二〇一二年）

中世～近世

103代

後土御門天皇

「応仁の乱勃発」で朝廷財政が破綻の危機

▼ごつちみかどてんのう
▼在位：一四六四～一五〇〇
▼父／後花園天皇　母／藤原信子（嘉楽門院）

【業績】

即位の三年後に応仁の乱が勃発。朝廷の財政は逼迫したうえ、皇居もたびたびの移転を余儀なくされた。こうした状況を嘆き、何度も退位をほのめかしたとされる。宮中行事の挙行もままならず、これ以後天皇の終身在位が定着した。

戦乱で失われた天皇の権威の象徴

後土御門天皇が践祚《せんそ》してからのち、ほどなくして勃発《ぼっぱつ》したのが応仁《おうにん》・文《ぶん》明《めい》の乱である。

約十年にもおよんだ幕府を二分する大乱により、洛中《らくちゅう》は焼け野原となった。禁裏《きんり》御料所《ごりょうしょ》をはじめとした朝廷財政は窮乏《きゅうぼう》し、室町幕府の支援のもと運営されていたさまざまな朝儀も退転を余儀なくされ、朝廷の衰微《すいび》も進んだ。以後の朝廷は、主要な朝儀のみ諸大名からの献金によって費用を賄《まかな》わざるをえなくなる。

一例でいえば、中世において天皇は成人すると遅かれ早かれ譲位し、院政という形で幼帝を補佐するというのが常態であったが、天皇の生前退位自体が、その儀式に関わる費用の問題から行われなくなった。後土御門天皇以後、後柏原《ごかしわばら》天皇、後奈良《ごなら》

『洛中洛外図』に描かれた内裏
紫宸殿前での正月節会を描く。この儀式も応仁の乱で中断し、織田信長の資金援助でようやく再開したという（米沢市上杉博物館蔵）

天皇も終身在位となった。しかも、戦乱を避けるため足利義政《あしかがよしまさ》の邸宅・室《むろ》町第《まちてい》に十年もの間の避難生活を強いられることとなったのである。

しかるべき内裏《だいり》を失った天皇は権威を欠く。後土御門天皇にとっては、権威を荘厳するはずの儀式も、しかるべき内裏も失う二重苦に苛《さいな》まれ続けた在位期間であったといえよう。しかし、廷臣らに先例などの調査に従事させるなど、天皇も諸儀式の保存に努めた。

退位を口にしても取り合われず

だがその一方で、ことが思い通りにいかぬとすぐに「遁世《とんせい》」を口に出すという癖《くせ》を持っていた。武士たちによる禁裏御料所の押領《おうりょう》・年貢《ねんぐ》未進の規制を将軍・足利義政に求めてそれがかなわないとみるや、「遁世」を唱えるといったありさまである。が、周囲も慣れたもので、まともに取り合う人は少なかったようである。

中世後期の世相を端的に表す言葉に「下克上《げこくじょう》」というものがあるが、それは一介の農民や商人が大名に成り上がるようなことをいうのではない。一般的な「下克上」の実態とは、守《しゅ》護《ご》大名を直接支える被官《ひかん》（守護代や国人《こくじん》たちなど）が、「この主君ではこの状況を打開できない」などの判断によって、主君を更迭《こうてつ》してしまうようなことであった。主君を下支えする構造は、下克上を実行に移さないまでも、主君の意向を無視した形で物事を進めていってしまうようなこともしばしば見受けられた。そして、このような構造は各守護家にとどまらず、将軍家や朝廷においても例外ではなかった。「遁世」をまともに取り合ってもらえぬ天皇の権威は、推して知るべしであろう。

応仁・文明の乱はこのような状況を加速させ、やがて各地で紛争の絶えない時代へと進んでいくこととなるが、後世に向けて思いがけない副産物ももたらした。とくに京都の荒廃によって地方へ避難・移住する貴族たちも相次いだが、皮肉にも、そのことが京都の文化の地方への大規模な伝播《でんぱ》をもたらした。各地の「小京都」の萌芽《ほうが》がこの時代にみられるのである。

【参考文献】
笠松宏至「中央の儀」『法と言葉の中世史』（平凡社ライブラリー、一九九三年。初出は一九七九年）
桜井英治『室町人の精神（日本の歴史12）』（講談社学術文庫、二〇〇九年。初出は二〇〇一年）

中世～近世

106代

正親町天皇

信長の意向による「退位強要事件」はあったのか？

▼おおぎまちてんのう
▼在位：一五五七～一五八六
▼父／後奈良天皇　母／藤原栄子

【業績】

弘治三年（一五五七）、四十一歳で践祚。織田信長の政権を認め、豊臣秀吉には関白の位を与えるなどして、武家政権と協力関係を築き、その援助で朝廷の儀式の再興などを行う。戦国動乱期に天皇の権威を高めた。

正親町天皇
（泉涌寺蔵）

革新者ではなかった織田信長の実像

織田信長《おだのぶなが》は旧来の権威を否定し、新しい時代を開いた英雄であると称されることも多い。しかし実際には、基本的に旧来の身分秩序・官位体系・さまざまな儀礼・年中行事などを廃止・破壊しようとしてはいない。寺

織田信長(1534〜82)
ときに対立しながらも正親町天皇と協調路線をとり、勅命により敵対勢力と和議を結ぶなど、その権力を利用した（模写。東京大学史料編纂所蔵）

『江州安土古城図』
織田信長の居城・安土城の絵図。岐阜城を嫡男・信忠に譲ったあとに居城とした城で、壮麗な天守とともに築かれた御殿には、天皇の行幸を迎える意図があったともいわれる（国立国会図書館蔵）

社や貴族たちの所領からの収入の確保、それによってもたらされる経済的安定にも協力的であった（ただし、協力は京都周辺の所領に関してのものが中心であって、自らの分国内の寺社・貴族の所領返付には消極的だった）。

天皇や貴族、寺社関係者も信長に期待してさまざまな依頼を持ち込むが、信長の機嫌を損ねないような気配りも欠かさなかった。この点は、信長麾下《きか》の大名たちと共通している。

一方で、天皇や貴族、寺社関係者は信長にとって何の障害にも不利益にもならないどころか、大きな利用価値があった。天皇家に生活を保証し、贈物を欠かさず、貴族らに知行《ちぎょう》を与えて朝廷という形を維持し、京都とその周辺を平穏に保てば、彼らはそれで満足なのである。信長は彼らを温存しながら利用し、●天下静謐《てんかせいひつ》を実現しようとした。彼らの権威を否定あるいは完全に独立して、新たな政権を樹立できるとは考えていなかったのである。

将軍就任を意識？信長が受けた官位

天正《てんしょう》三年（一五七五）、信長は五

月に長篠《ながしの》合戦で武田氏に大打撃を与えると、十一月には従三位《じゅさんみ》権大納《ごんのだいな》言《ごん》・右近衛大将《うこのえのたいしょう》に就任し、嫡男《ちゃくなん》の信《のぶ》忠《ただ》に家督と尾張《おわり》・美濃《みの》、岐阜《ぎふ》を譲った。やがて天正五年十一月には従二《じゅに》位《い》右大臣《うだいじん》に昇進する。

　信長も歴任した官職については、たとえば仁安《にんあん》二年（一一六七）、平家に国家的軍事・警察権が公認された「仁安宣旨《せんじ》」が下されたとき、平家一門の代表となった平重盛《たいらのしげもり》は権大納《ごんだいな》言《ごん》（のち承安《じょうあん》四年〈一一七四〉七月には右近衛大将も兼任）に就任している。

　また、源頼朝《みなもとのよりとも》は建久《けんきゅう》元年（一一九〇）の上洛《じょうらく》時に権大納言・右近衛大将に就任している（同年中に両官を辞し、建久三年には征夷大将軍《せいいたいしょうぐん》に就任）。足利尊氏《あしかがたかうじ》も権大納言のときに征夷大将軍に就任し、さらに足利将軍家は義満《よしみつ》以来大臣まで昇進しうる家格を認められていた。つまりこれらの前例に照らしても、人びとは信長を将軍相当の存在とみなし、信長もそれを意識していたとみられるのである。

　天正十年（一五八二）四月、太政《だじょう》大臣《だいじん》・関白《かんぱく》・将軍のどれかに推任《すいにん》することが議論される（三職《さんしょく》推任）。議論の詳細は不明であるが、信長は正親町天皇の譲位と誠仁《さねひと》親王の即位が実現したら任官するという意向であったとみられる。これについては、正親町天皇に退位を迫り、自らの意向に沿う誠仁の即位を実現しようとしたといわれることもあるが、必ずしもそれだけではない。

　中世においては、院政が通常の政治形態であった。戦国時代の天皇が譲位の儀式を行わなかった（ないしは困難だった）のは、譲位の儀式のための費用の調達にも困窮《こんきゅう》するほど朝廷財政が逼迫《ひっぱく》していたからである。

　信長が、三職推任とともに正親町天皇の譲位・誠仁親王の即位を考えていたならば、それは「正親町院政」の実現を視野に入れていたとみられ、つまり、これまでの権力と同様に朝廷の権威へ一定の敬意を払っていたとみてよいだろう。

◉天下静謐

戦いのない状態、天下が穏やかに治まっている状態のこと。信長が印章に使用した「天下布武」という言葉も、従来は武力をもって天下を制する意味とされていたが、近年は戦いを収めて天下を治めるといった意味にとらえる説がある。

【参考文献】

池上裕子『織田信長』（吉川弘文館、二〇一二年）
堀新「織田政権論」『岩波講座 日本歴史 第十巻 近世一』（岩波書店、二〇一四年）

中世～近世

107代 後陽成天皇

徳川家の干渉を招いたスキャンダル「猪熊事件」

▼ごようぜいてんのう
▼在位：一五八六～一六一一
▼父／誠仁親王　母／藤原晴子（新上東門院）

【業績】

祖父・正親町天皇の譲位により即位。在位は豊臣秀吉の天下統一から徳川家康の幕府開幕の時期にあたり、朝儀は復活したが、徳川幕府からは、朝廷内部まで監査されることとなった。

天皇が激怒した側近の醜聞事件

猪熊教利《いのくまのりとし》は琴や和歌などの諸芸に優れ、内々衆として後陽成天皇に仕えた。しかしなによりも教利を有名にしていたのは、在原業平《ありわらのなりひら》や『源氏物語』の光源氏《ひかるげんじ》などにも喩《たと》えられるような「天下無双」の美男子という評判であった。この教利が中心となったのが「猪熊事件」である。これは、複数の貴族や女官《にょかん》たちによる遊興や密通が明らかとなった醜聞《しゅうぶん》事件であり、江戸幕府が朝廷内部の統制へ傾いてゆくこととなるきっかけのひとつとなった事件である。

教利は「公家衆乱行随一」との悪評も立っていた。慶長《けいちょう》十二年（一六〇七）には女官との密通が原因で後陽成天皇から勅勘《ちょっかん》を蒙《こうむ》り、京都を出《しゅっ》奔《ぼん》した。その後いつの間にか京都へ戻っていた教利は、懇意にしていたほかの貴族たちとも語らい、やがて宮中の女官らとの逢瀬《おうせ》を重ねるようになった。そこに貴族社会内部での対立（蹴鞠《けまり》の家業をめぐる飛鳥井《あすかい》家と松下家との対立など）も絡んだ結果、これらの件は後陽成天皇も知るところとなった。

慶長十四年七月、事件が露顕すると教利は逃亡するが、後陽成天皇は

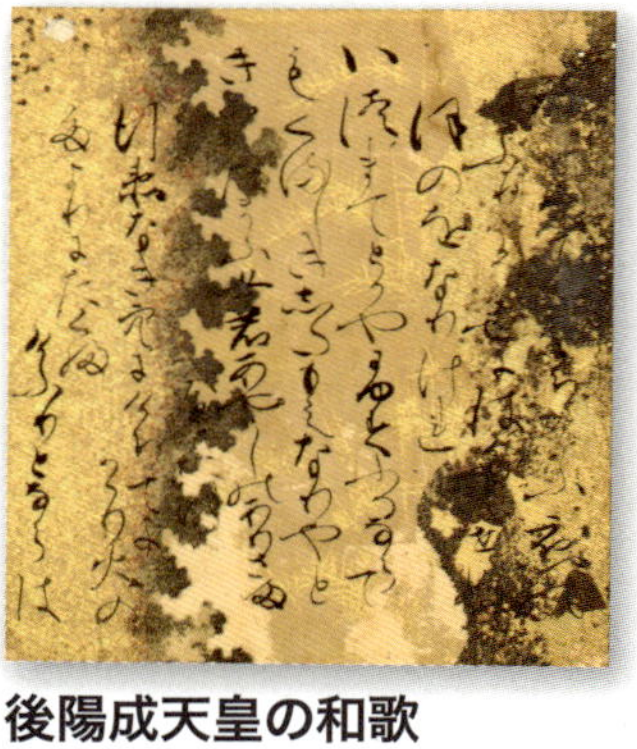

後陽成天皇の和歌
学問を愛した後陽成は『後陽成院御製詠五十首』などの和歌も残している（『手鑑』より。国立国会図書館蔵）

事件に関わった全員を死罪に処することを命じ、幕府にも教利の捜索を依頼した。

教利は、翌月になって日向《ひゅうが》国に潜伏していたところを延岡《のべおか》城主・高橋《たかはし》元種《もとたね》によって拘束された。関係者全員の死刑を命じた後陽成天皇であったが、姦通《かんつう》では死罪にすることはできず、しかも捜査・逮捕に関する権限はまったく幕府が掌握していたため、天皇の裁断は実行に移すことができなかった。

また事件の全容解明すらも、徳川家康の命令を受けた京都所司代《しょしだい》の板《いた》倉勝重《くらかつしげ》とその息子・重昌《しげまさ》が担当することとなったのである。

後陽成天皇
（泉涌寺蔵）

幕府が主導した事件処理と譲位問題

同年九月、家康の指示を受けた板倉勝重が処分内容を通達した。京都に護送された教利は翌月に京都の常禅寺で斬刑《ざんけい》に処された（享年二十七）。しかし、死罪となったのはこの教利と、貴族たちが女官に懸想《けそう》する仲介を行った典薬《てんやく》（医師）の兼安備後《かねやすびんご》のみであった。そのほか公卿《くぎょう》五名、女官五名には流罪《るざい》が言い渡されることとなった。

後陽成天皇の主張した死罪については、①姦通では死罪とならないこと、②公卿身分の場合は死刑を含む苛烈《かれつ》な身体刑は適用されにくいこと、という公家法における制約も考慮されたと見られる。

その一方で幕府は朝廷内部の風紀の乱れを憂慮し、慶長十八年、「公家《くげ》衆法度《しゅうはっと》」を制定し、さらに慶長二十年には「禁中《きんちゅう》並《ならびに》公家《くげ》諸法度《しょはっと》」を制定し、朝廷社会の統制へ傾いてゆくこととなる。

そして自らが望んだ処分が実現しなかった後陽成天皇は、これ以後になるとしばしば譲位をちらつかせるようになっていく。しかし、ここでも後陽成天皇の意思はかないがたい状況にあった。天皇は弟の◉八条宮智《とし》仁《ひと》親王への譲位を望んでいたのだが、智仁親王は豊臣秀吉《とよとみひでよし》の猶子《ゆうし》となった過去を持ち、その豊臣家と天皇家との関係維持を好ましく思わない幕府が難色を示していたのである。

結局は、天皇の皇子である政仁《ことひと》親王（後水尾《ごみずのお》天皇）に譲位されることとなるのだが、それも慶長十六年まで先延ばしとされたのであった。

事件は単なる風紀問題にとどまらず、関ヶ原の戦いに勝利し、家康が征夷大将軍《せいいたいしょうぐん》となったあとの微妙な情勢が反映されたものといえる。つまり豊臣家と良好な関係を築いた朝廷に対して、新たに武家社会の覇権を握った徳川家がいかに関係を構築していくのかというデリケートな問題も影を差した事件であったといえよう。

徳川家康(1542～1616)
幕府を開いたものの、豊臣家が大坂健在の時期には、朝廷と豊臣家の関係に神経を尖らせていた（模写。東京大学史料編纂所蔵）

◉勅勘
天皇による咎め。

◉京都所司代
慶長五年（一六〇〇）に置かれた幕府の職。朝廷の監視のほか、京都周辺の訴訟処理、西国大名の監視なども担った。

◉八条宮智仁親王（一五七九～一六二九）
後陽成天皇の弟。豊臣秀吉の猶子となるが、秀吉に実子が生まれると八条宮を創設。桂離宮の造営を始めたことでも知られる。

〈参考文献〉
横田冬彦『天下泰平（日本の歴史一六）』（講談社（講談社学術文庫）、二〇〇九年。初出は二〇〇二年）
藤井譲治『天皇と天下人（天皇の歴史〇五）』（講談社、二〇一一年）

中世～近世

108代

後水尾天皇

幕府との確執が生んだ「紫衣事件」

▼ごみずのおてんのう
▼在位：一六一一～一六二九
▼父／後陽成天皇　母／藤原前子（中和門院）

【業績】

徳川秀忠の娘・和子を中宮とする。「禁中並公家諸法度」の制定などによる幕府の圧迫に対する不満から、明正天皇に譲位、その後四代にわたって院政を執った。洛北に今も残る修学院離宮を造営している。

幕府権力正当化のため将軍の娘が入内

中近世移行期の天皇・朝廷は、現実の政治・経済の両面において弱体化していた。豊臣秀吉《とよとみひでよし》や徳川家康《とくがわいえやす》の統一権力による政治的な要請により援助される存在となっていたのである。

徳川秀忠《とくがわひでただ》は大坂の陣の終結後に娘・和子《まさこ(かずこ)》の入内《じゅだい》を進めていたが、その準備中に後水尾と「およつ御寮《ごりょう》人《にん》」との間に賀茂宮《かものみや》（皇子）、梅宮（皇女）が誕生するという事件があった。これに秀忠は苛立《いらだ》ちを隠さなかったが、藤堂高虎《とうどうたかとら》のとりなしもあって両者は和解し和子の入内は実現することとなる。

秀忠が娘の入内を進めたのは、諸大名に対して武力による優位性を示し得た家康・秀忠に対し、後継者となる家光《いえみつ》は武功が欠落していたからとされる。その正統性を内外に示す必要から、天皇との親近性をアピールしようとしたというのである。

そんななか起きたのが寛永《かんえい》四年（一六二七）の紫衣事件《しえじけん》である。これは、朝廷が人事権を握る宗派や寺院にお

後水尾天皇（宮内庁書陵部蔵）

『御即位行幸図屏風』（左隻）

寛永7年（1630）12月10日、明正天皇に譲位した後水尾院と東福門院が仙洞御所・女院御所へと移る様子を描く。退位後、後水尾院は明正・後光明・後西・霊元の四代にわたって院政を行った（宮内庁蔵）

ける入院や出世が、禁中並《きんちゅうならびに》公家諸《くげしょ》法度《はっと》（元和元年〈一六一五〉発布）に違犯するとした幕府に対して、妙心寺《みょうしんじ》や大徳寺《だいとくじ》の僧たちが抗議し、幕府が彼らを流罪《るざい》にしたという事件である。

天皇の威信をかけて譲位を強行

　この処置が天皇の権威を否定することになると不満を抱いた後水尾は、病気などを理由に譲位を主張する。しかし幕府はこれを拒否した。和子所生の皇子が後継の天皇となる目途《めど》が立つまで、後水尾の譲位は許容できなかったからである。

　寛永六年十月十日、家光の乳母《めのと》・ふくが後水尾とその周辺の情勢をさぐるため参内《さんだい》した（このとき「春日《かすがの》局《つぼね》」の名が与えられた）。この直後の十一月八日、後水尾は興子《おきこ》内親王へ譲位したのである（明正《めいしょう》天皇）。

　このころ、幕府との折り合いが悪かったことは確かであるが、一方で、後年、自らの若さゆえのあやまちを悔いるような書き置きをしていることもあって、譲位の真意は不詳であるといわざるをえない。いずれにしても、「後継を自ら決する」という一点、すなわち皇位継承者選定権を行使することで、自らの権威を示しえたともいえる。

　以後、幕府は天皇の恣意《しい》的な皇位継承者選定権行使を回避するよう、より意思疎通の容易な人物を天皇周辺に配置するようになるのである。

（参考文献）

藤田覚『江戸時代の天皇（天皇の歴史六）』（講談社、二〇一一年）

中世～近世

118代

後桃園天皇

「皇統断絶の危機」を救った閑院宮家

▼ごももぞのてんのう
▼在位：一七七〇～一七七九
▼父／桃園天皇　母／藤原富子（恭礼門院）

【業績】

伯母の後桜町天皇の譲位をうけて13歳で即位。在位十年の後、皇嗣を決めないまま死去した。学問に秀でて、在位中の日記『後桃園院宸記』や儀式書『年中さかつきの次第』などを残した。

後継なくして崩御した後桃園天皇

後桃園天皇（英仁《ひでひと》親王）は誕生の翌年には儲君《ちょくん》とされ、親王宣下《せんげ》も行われた。「儲君」とは、本来ならば正式な立太子礼《りったいしれい》を経て皇太子となるところを、費用その他の問題で立太子礼を行わない場合にこのように呼ばれるものである。

父である桃園天皇が崩じたときにはまだ幼少であったため、ただちには皇位継承はせず、英仁への皇位継承を前提にいったん伯母にあたる智子《ともこ》内親王が践祚《せんそ》した。後桜町《ごさくらまち》天皇である。この後桜町天皇は、現在までのところ最後の女性天皇となっている。古代以来、女性天皇の践祚は、皇位継承者が然《しか》るべき年齢に達するまでの中継ぎのために行われることが多い。

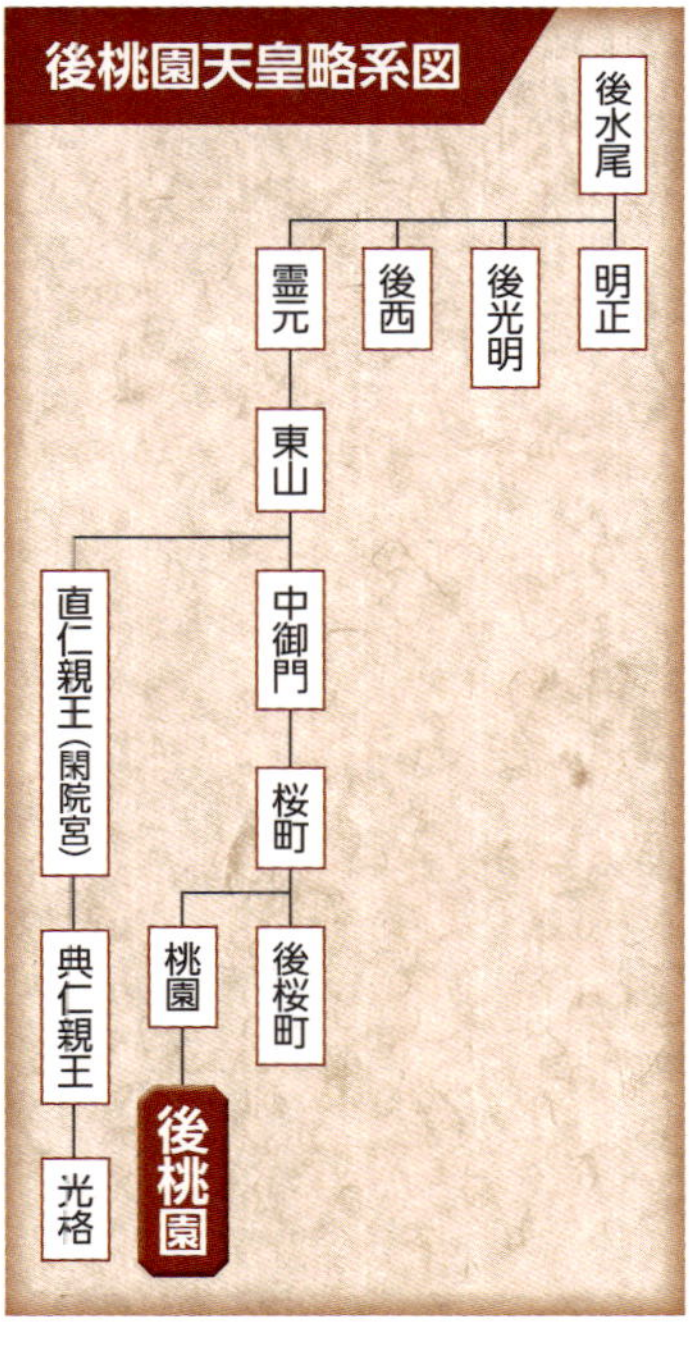

その後、後桃園天皇は明和《めいわ》五年（一七六八）には皇太子となり、同七年に践祚、さらにその翌年に即位した。しかしもともと病弱の身でもあったため、安永《あんえい》八年（一七七九）に崩じた。子女は欣子《よしこ》内親王のみであったため、皇統断絶の危機に陥った。ここであえて欣子内親王を女帝として践祚させるのではなく、閑院宮師仁《かんいんのみやもろひと》（のち兼仁《ともひと》とあらためる）が践祚した。光格《こうかく》天皇である。欣子内親王はその中宮となった。

後桃園天皇
（泉涌寺蔵）

新たに創設された宮家から擁立された天皇

後桃園天皇の跡を継いだ閑院宮家は、皇統の断絶を回避するために創設された宮家であった。

徳川将軍家にも御三家が置かれていたように、天皇家にもそれに準ずる宮家が必要とされたのである。朝廷の経済も幕府の統制下に置かれたため、宮家の自由な創設は不可能となっており、皇位継承に必要ない皇子女は出家する慣例となっていたが、皇位継承候補者の不足はいつ起こるとも限らない。皇位継承の安定化は幕府にとっても必要なことであり、ここに新たな宮家が必要とされた理由がある。

●新井白石《あらいはくせき》が将軍・徳川家宣《とくがわいえのぶ》に建言し、朝廷の側でもその必要性が認識されていたため、宝永《ほうえい》七年（一七一〇）に直仁《なおひと》親王を祖とする新たな宮家の創設が決定され、ついで享保《きょうほう》三年（一七一八）に千石の所領をもって閑院宮家が成立したのである。

●新井白石（一六五七〜一七二五）
江戸中期の学者・政治家。徳川家宣・家継に仕えて幕政を補佐し、さまざまな改革を主導、その執政は「正徳の治」と呼ばれた。

歴代天皇総覧（七十一代～百二十代）

《凡例》

①御名・異称・諱
②在位
③陵名（所在地）
※天皇名の後の★印は女帝を示す

第七十一代 後三条《ごさんじょう》天皇

七十八ページ参照。

第七十二代 白河《しらかわ》天皇

天皇三代のもと強力な院政を敷く

①貞仁《さだひと》・融観・六条帝 ②延久四（一〇七二）～応徳三（一〇八六） ③成菩提院《じょうぼだいいん》陵（京都府京都市伏見区）

院政期を代表する天皇。皇太子だった異母弟の実仁《さねひと》親王が世を去るや自らの皇子・善仁《たるひと》（堀河天皇）に譲位。以降は自身の血統を正統とした。堀河の逝去や摂関家の弱体化に伴い権力を手中に収めると、天皇三代にわたって院政を行い、絶対的な影響力で朝廷に君臨した。

第七十三代 堀河《ほりかわ》天皇

父との対立を避け和歌管弦の道へ

①善仁《たるひと》 ②応徳三（一〇八六）～嘉承二（一一〇七） ③後円教寺《のちのえんきょうじ》陵（京都府京都市右京区）

父の白河天皇の譲りを受けて八歳で即位。真面目な性格で、成人後は関白《かんぱく》の藤原師通《ふじわらのもろみち》とともに熱心に政務にとりくみ「末代の賢王」と讃えられた。治世の後半になると院政を行う白河の力が増し、対立を避けた堀河は政《まつりごと》への情熱を和歌や管弦に傾けるようになった。

第七十四代 鳥羽《とば》天皇

八十一ページ参照。

第七十五代 崇徳《すとく》天皇

配流地の讃岐で非業の最期

①顕仁《あきひと》・讃岐《さぬき》院 ②保安四（一一二三）～永治元（一一四一） ③白峯《しらみね》陵（香川県坂出市）

鳥羽天皇の第一皇子。白河法皇《ほうおう》の影響を脱したい鳥羽の意向で譲位を迫られ、雅仁《まさひと》（後白河《ごしらかわ》）の即位で将来院政を行う可能性も奪われてしまう。左大臣・藤原頼長《ふじわらのよりなが》と図り保元《ほうげん》の

錦絵『大日本史略図会』より崇徳天皇部分。（国立国会図書館蔵）

乱を起こすも敗れ、配流《はいる》先の讃岐《さぬき》で生涯を閉じた。祖父と父に翻弄された不遇の生涯であった。

第七十六代 近衛《このえ》天皇

院政のもと三歳で即位するも夭逝

①体仁《なりひと》 ②永治元（一一四一）～久寿二（一一五五） ③安楽寿院南《あんらくじゅいんのみなみ》陵（京都府京都市伏見区）

鳥羽上皇《じょうこう》と美福門院《びふくもんいん》の皇子。生後間もなく異母兄・崇徳天皇の皇太弟となり、その二年後に即位する。崇徳を押しのけて玉座に据えられた数え三歳の幼帝の背後には、自らの院政を目指す父・鳥羽の姿があった。病弱で、御帳の外に出ることさえまれであったという。

第七十七代 後《ご》白《しら》河《かわ》天皇

八十四ページ参照。

第七十八代 二《に》条《じょう》天皇

父と対立し親政をめざす

①守仁《もりひと》 ②保元三（一一五八）～永万元（一一六五） ③香隆寺《こうりゅうじ》陵（京都府京都市北区）

後白河の第一皇子。当初は仁和寺《にんなじ》に入り僧侶への道を歩んでいたが、近衛天皇の崩御により還俗《げんぞく》・即位する。その英邁さを讃えられるも親政を目指して父と反目、後白河の宿願であった蓮華王院《れんげおういん》（三十三間堂《さんじゅうさんげんどう》）の落慶《らっけい》供養にも行幸せず「政道にかなうも孝道に背く」と評された。

蓮華王院（三十三間堂）。明治期撮影の古写真

第七十九代 六《ろく》条《じょう》天皇

前代未聞の二歳で即位した幼帝

①順仁《のぶひと》 ②永万元（一一六五）～仁安三（一一六八） ③清閑寺《せいかんじ》陵（京都府京都市東山区）

二条天皇の皇子。数え二歳にして立太子され、即日皇位につく。儀式の途中で乳を求めて泣き出したという、歴代最年少の天皇であった。近《この》衛基実《えもとざね》を摂政《せっしょう》とし三年後には早くも践祚《せんそ》して太上《だじょう》天皇となるが、十三歳で崩御する。次代は叔父の憲仁《のりひと》（高倉天皇）が継いだ。

第八十代 高《たか》倉《くら》天皇

外戚・平家一門の期待を背負う

①憲仁《のりひと》 ②仁安三（一一六八）～治承四（一一八〇） ③後清閑寺《のちのせいかんじ》陵（京都府京都市東山区）

後白河の第七皇子。母の建春門院《けんしゅんもんいん》（平滋子《たいらのしげこ》）と后《きさき》の建礼門院《けんれいもんいん》（平徳子《とくこ》）

はそれぞれ平清盛《きよもり》の義妹・娘であり、平氏政権の影響を色濃く受けた天皇であった。弱者に心を寄せる優しい人柄だったと伝えられる。皇子・言《とき》仁《ひと》（安徳天皇）に譲位し、翌年に崩御した。

第八十一代 安《あん》徳《とく》天皇

壇ノ浦に散った悲劇の幼帝

①言仁《ときひと》 ②治承四（一一八〇）～寿永四（一一八五） ③阿彌陀寺陵《あみだじ》（山口県下関市）

高倉天皇の皇子で、母は平清盛《たいらのきよもり》の娘・建礼門院徳子《けんれいもんいんとくこ》。平氏の血を引く天皇の誕生は清盛の悲願であり、その溺愛ぶりは甚《はなは》だしかった。木曾義仲《きそよしなか》が入京すると、平氏に奉じられて都を落ちのびる。壇ノ浦《だんのうら》で平氏一門が源氏の軍勢に敗れると、ともに入水して短い生涯を閉じた。

二位尼に抱かれ入水する安徳天皇（『源平合戦図屏風』より。神奈川県立歴史博物館蔵）

第八十二代 後《ご》鳥《と》羽《ば》天皇

八十七ページ参照。

第八十三代 土《つち》御《み》門《かど》天皇

自ら望んで土佐、阿波に配流

①為仁《ためひと》・阿《あ》波《わ》院・行源 ②建久九（一一九八）～承元四（一二一〇） ③金原陵《かねがはら》（京都府長岡京市）

後鳥羽院の第一皇子で、卜筮《ぼくぜい》により選ばれて四歳で即位した。後鳥羽の院政下にあったが倒幕計画には参加せず、むしろ父を諫めたという。そのため承久《じょうきゅう》の乱後の処罰の対象からは外されていたが、自ら申し出て土《と》佐《さ》に配流された。のちに阿《あ》波《わ》国に遷《うつ》り同地にて崩じた。

第八十四代 順《じゅん》徳《とく》天皇

父の討幕運動に協力し佐渡に配流

①守成《もりなり》・佐《さ》渡《ど》院 ②承元四（一二一〇）～承久三（一二二一） ③大原陵《おおはら》（京都府京都市左京区）

後鳥羽院の第三皇子。激しい気性の天皇と伝えられ、父の期待を背景に土御門天皇より受禅《じゅぜん》する。承久《じょうきゅう》の乱後は佐渡に配流され、京への帰還が叶わぬまま悲憤のうちに世を去った。有職故実《ゆうそくこじつ》の研究書『禁秘抄《きんぴしょう》』や和歌論を記した『八雲御抄《やくもみしょう》』などの著作がある。

順徳天皇火葬塚（真野御陵。新潟県佐渡市）

第八十五代 仲恭《ちゅうきょう》天皇

在位二カ月で鎌倉幕府に廃される

①懐成《かねなり》・九条《くじょう》廃帝　②承久三（一二二一）　③九条陵（京都府京都市伏見区）

順徳天皇の皇子。上皇として自由な立場で倒幕を企てる父の意向により、四歳で慌ただしく即位。三上皇が承久《じょうきゅう》の乱に敗れ幕府によって配流されると同時に廃された。在位期間二カ月は歴代最短であり、明治に諡《し》号《ごう》が贈られるまでは半帝、九条廃帝などと呼ばれていた。

第八十六代 後《ご》堀《ほり》河《かわ》天皇

承久の乱を受け還俗して即位

①茂仁《ゆたひと》　②承久三（一二二一）～貞永元（一二三二）　③観音寺陵《かんおんじ》（京都府京都市東山区）

承久《じょうきゅう》の乱に衝撃を受けた鎌倉幕府は高倉天皇の皇子で出家していた守《もり》貞《さだ》親王（行助入道親王《ぎょうじょにゅうどう》）を一足飛びに太上天皇に据え、その子を即位させて後堀河天皇とした。九条道家《くじょうみちいえ》の娘を娶り、のちの四条《しじょう》天皇を授かるもその成長を見届けることなく二十三歳で病没する。

第八十七代 四《し》条《じょう》天皇

「後鳥羽帝の祟り」も囁かれた夭逝

①秀仁《みつひと》　②貞永元（一二三二）～仁治三（一二四二）　③月輪陵《つきのわ》（京都府京都市東山区）

父の譲りを受け二歳で即位し、九《く》条《じょう》道家《みちいえ》や西園寺公経《さいおんじきんつね》の後ろ盾を得た。宮中の廊下に滑石《かっせき》を撒き、人びとが足を滑らせるところを見物して楽しむつもりが、自分が転倒してしまい、それがもとで命を落とす。後

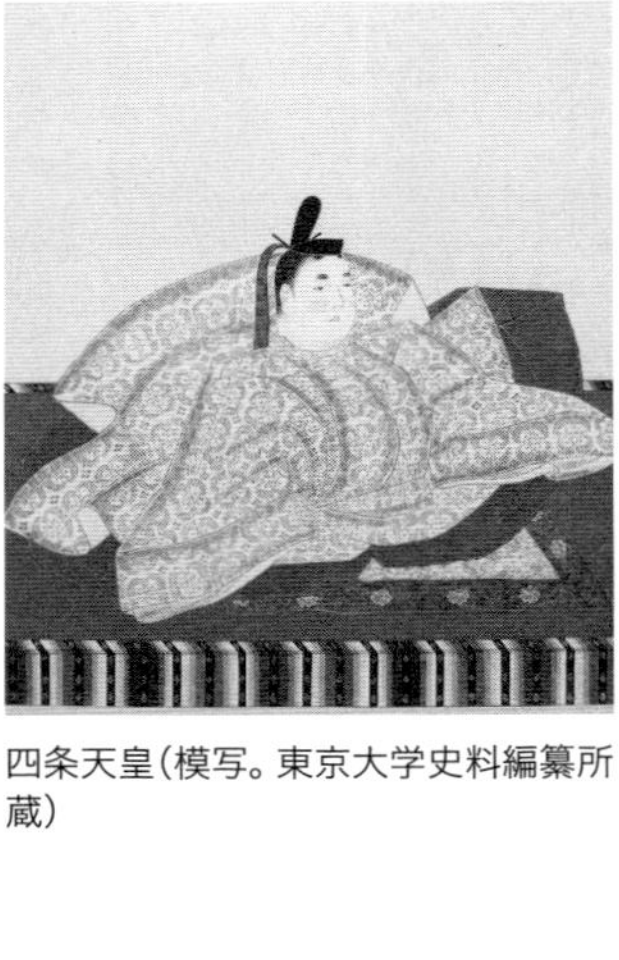

四条天皇（模写。東京大学史料編纂所蔵）

継者の選定には鎌倉幕府が深く関与し、以後の慣例となった。

第八十八代 後嵯峨《ごさが》天皇

九十ページ参照。

第八十九代 後深草《ごふかくさ》天皇

大覚寺統と対立した持明院統の祖

①久仁《ひさひと》・素実 ②寛元四（一二四六）～正元元（一二五九） ③深草北《ふかくさのきた》陵（京都府京都市伏見区）

後嵯峨天皇の皇子。院政を行う父に若くして弟の亀山《かめやま》天皇に譲位させられ、治天《ちてん》の君への道も一度は断たれる。不満を抱いた後深草は出家を企てて抗議、幕府を動かし息子の熙《ひろ》仁《ひと》を亀山の猶子《ゆうし》として立太子させた。これがのちの持明院統《じみょういんとう》と大覚寺統《だいかくじとう》分裂の原因となった。

第九十代 亀山《かめやま》天皇

二度の元寇に悩ませられた院政期

①恒仁《つねひと》・金剛眼（源）②正元元（一二五九）～文永十一（一二七四） ③亀山《かめやま》陵（京都府京都市右京区）

後嵯峨天皇の皇子。明朗で優れた資質を父に愛され、兄の後深草を押しのけるようにして即位。正嘉《しょうか》の飢《き》饉《きん》や地震による不安定な世情のなかでも治天の君として積極的に政務にあたり、二度におよぶ元寇《げんこう》には国難に殉じる覚悟で伊勢神宮や石清水八《いわしみずはち》幡宮《まんぐう》に敵国調伏《ちょうぶく》を祈願した。

亀山天皇（模写。東京大学史料編纂所蔵）

第九十一代 後宇多《ごうだ》天皇

通算十一年余にわたった院政

①世仁《よひと》・金剛性 ②文永十一（一二七四）～弘安十（一二八七） ③蓮華峯寺《れんげぶじ》陵（京都府京都市右京区）

亀山天皇の第二皇子。父による院政が行われていた文永《ぶんえい》十一年（一二七四）と弘安《こうあん》四年（一二八一）の二回にわたり元《げん》の襲来を受けた。持明院《じみょういん》統《とう》の伏見天皇に譲位するが、息子の後二条天皇と後醍醐天皇の御世には院政を行う。のちに大覚寺《だいかくじ》に御所を構え密教に傾倒した。

第九十二代 伏見《ふしみ》天皇

朝廷の政治的権威回復に努める

①熙仁《ひろひと》・素融 ②弘安十（一二八七）～永仁六（一二九八） ③深草北《ふかくさのきた》陵（京都府京都市伏見区）

大覚寺統《だいかくじとう》・後宇多天皇の皇太子と

して即位。父の後深草が崩御すると自ら積極的に政務を執った。正応《しょうおう》三年（一二九〇）には甲斐源氏《かいげんじ》の浅原《あさはら》為頼《ためより》による襲撃を受けるも難を逃れる。為頼は自害したが、関与を疑われた亀山上皇は無実を訴え鎌倉幕府に誓紙を提出した。

第九十三代

後伏見《ごふしみ》天皇

両統対立と建武の新政に翻弄

①胤仁《たねひと》・理覚・行覚　②永仁六（一二九八）～正安三（一三〇一）　③深草北陵《ふかくさのきたのみささぎ》（京都府京都市伏見区）

持明院統《じみょういんとう》である伏見天皇の第一皇子。大覚寺統《だいかくじとう》の強硬な反発を受け、在位三年目にして譲位を余儀なくされる。これにより両統の皇位継承争いをめぐる対立が一層深刻なものとなった。京を離れた後醍醐天皇に替わって光厳天皇が即位すると院政を行う。鎌倉幕府滅亡の際には足利尊氏《あしかがたかうじ》に追われた六波羅探題《ろくはらたんだい》の北条仲時《ほうじょうなかとき》に伴われて東国へ下向を試みるが、仲時主従が討ち死にすると京に連れ戻されて出家、三年後に崩じた。

第九十四代

後二条《ごにじょう》天皇

祖父の幕府への働きかけで即位

①邦治《くにはる》　②正安三（一三〇一）～徳治三（一三〇八）　③北白河陵《きたしらかわのみささぎ》（京都府京都市左京区）

持明院統《じみょういんとう》の皇統が二代続いたことに不満を抱いた後宇多天皇の抗議を受けて十七歳で即位。治世のはじめは後深草・亀山・後宇多・伏見・後伏見とじつに五人もの上皇が存在する状態であった。病を得てわずか七年後に世を去り、皇位は再び持明院統に移ることとなる。

第九十五代

花園《はなぞの》天皇

激動の時代に「君主の徳」を追求

①富仁《とみひと》・遍行　②徳治三（一三〇八）～文保二（一三一八）　③十楽院上陵《じゅうらくいんのうえのみささぎ》（京都府京都市東山区）

伏見天皇の皇子。父と兄による院政の後、大覚寺統《だいかくじとう》の尊治《たかはる》親王（後醍醐天皇）に譲位。謙虚で学問を好み、時勢を見据える見識を備えた花園は毎日経書《けいしょ》二巻、日記一巻を読むのを日課にしていたという。甥の量仁《かずひと》（光《こう》

花園天皇（模写。東京大学史料編纂所蔵）

厳《ごん》天皇）に王道を説いた『誡太子書《かいたいししょ》』を記した。

第九十六代 後《ご》醍《だい》醐《ご》天皇

九十三ページ参照。

第九十七代 後《ご》村《むら》上《かみ》天皇

対幕府、対北朝の戦乱にまみれる

①義良《のりよし》（初名憲良《のりよし》） ②延元四＝暦応二（一三三九）～正平二十三＝応安元（一三六八） ③檜尾《ひのお》陵（大阪府河内長野市）

後醍醐天皇の皇子。父とともに足《あし》利尊氏《かがたかうじ》に抗し、六歳で北畠親房《きたばたけちかふさ》・顕《あき》家《いえ》親子に奉じられて陸奥《むつ》国へと赴く。京の奪還を目指して各地で転戦し、後醍醐の譲りを受けて即位。正平一《しょうへいいっ》統《とう》が敗れると河内《かわち》、摂津《せっつ》と行宮《あんぐう》を遷し、ついに住吉《すみよし》で崩じた。生涯を戦に送り、安住の地は得られなかった。

住吉行宮跡（大阪市住吉区。住吉大社提供）

第九十八代 長《ちょう》慶《けい》天皇

大正末年に在位を認められた天皇

①寛成《ゆたなり》・覚理・慶寿院 ②正平二十三＝応安元（一三六八）～弘和三＝永徳三（一三八三） ③嵯《さ》峨東《がのひがし》陵（京都府京都市右京区）

後村上天皇の第一皇子。応安《おうあん》元年＝正平《しょうへい》二十三年に践祚《せんそ》し、同母弟である熙成《ひろなり》親王（のちの後亀山《ごかめやま》天皇）を皇《こう》太弟《たいてい》としたとされる。衰微を極めた南朝における即位の有無が長らく論争の的となり、大正十五年（一九二六）に至ってようやく皇統に加えられた。

第九十九代 後《ご》亀《かめ》山《やま》天皇

和平を望み北朝に譲位した南朝帝

①熙成《ひろなり》・金剛心 ②弘和三＝永徳三（一三八三）～元中九＝明徳三（一三九二） ③嵯峨小倉《さがのおぐら》陵（京都府京都市右京区）

後村上天皇の皇子。都では室町幕府が三代を数えて安定する一方で、南朝は衰退の一途を辿っていた。北朝との和睦《わぼく》を指向した後亀山天皇は足利義満《あしかがよしみつ》の提示した条件を受諾し、三種の神器を返還して譲位する。これにより半世紀におよんだ南北朝の分裂状態が解消された。しかし、実情は北朝による吸収であり、後亀山は自身を軽視する義満に不満を抱いていたといわれる。太上《だじょう》天皇の尊号を辞退して出家、隠遁の余生を送った。

神器返還・南北朝合一の舞台となった大覚寺(京都市右京区)

北朝一代

光厳《こうごん》天皇

南北朝の動乱に翻弄され続ける

①量仁《かずひと》・勝光智・光智　②元弘元＝元徳三(一三三一)～元弘三＝正慶二(一三三三)　③山国陵《やまくに》(京都府京都市右京区)

後伏見天皇の皇子。鎌倉幕府打倒の企てが露見して京を離れた後醍醐天皇に替わり幕府の後押しを受けて即位、幕府が滅亡して建武《けんむ》の新政が始まるや廃された。弟の光明天皇が即位すると院政を行う。正平一統《しょうへいいっとう》の際には拉致され、畿内を転々とする激動の生涯を送った。

北朝二代

光明《こうみょう》天皇

三種の神器なき践祚

①豊仁《ゆたひと》・真常恵・真恵　②延元元＝建武三(一三三六)～正平三＝貞和四(一三四八)　③大光明寺《だいこうみょうじ》陵(京都府京都市伏見区)

上洛した足利尊氏《あしかがたかうじ》に擁立され、比《ひ》叡山延暦寺《えいざんえんりゃくじ》に逃れた後醍醐天皇に替わり三種の神器が揃わないまま即位。のちに後醍醐から授かった神器は偽物だったといわれる。光厳上皇による院政を経て崇光天皇に譲位。正平一統《しょうへいいっとう》の破局に伴い南朝に拉致され畿内を転々とした。

北朝三代

崇光《すこう》天皇

南朝に拉致され幽閉生活

①興仁《おきひと》(初名益仁《ますひと》)・勝円心・大道　②正平三＝貞和四(一三四八)～正平六＝観応二(一三五一)　③大光明寺《だいこうみょうじ》陵(京都府京都市伏見区)

光厳天皇の第一皇子。五歳で親王宣下を受けて皇太子となる。十五歳で践祚《せんそ》するが、足利《あしかが》氏の内訌《ないこう》とそれに続く正平一統《しょうへいいっとう》により廃されたうえに、正平《しょうへい》七年には南朝により光厳・

光明両上皇とともに拉致されてしまう。帰洛後は皇子の立太子を願うも叶わなかった。

北朝四代　後光厳《ごこうごん》天皇

不安定な政情と南朝に苦しむ

①弥仁《いやひと》　②正平七＝文和元（一三五二）〜建徳二＝応安四（一三七一）　③深草北陵《ふかくさのきた》（京都府京都市伏見区）

後光厳天皇（『天子摂関御影』より。宮内庁三の丸尚蔵館蔵）

正平一統《しょうへいいっとう》により一時は果たされたとみえた南北朝の和合が破れ、光厳、光明、崇光の三上皇と皇太子の直仁《なおひと》親王は南朝に連れ去られてしまう。この異常事態に足利義詮《あしかがよしあきら》の要請で即位したが、三種の神器を持たない天皇の権威低下は否めず、政情は安定しなかった。

北朝五代　後円融《ごえんゆう》天皇

足利義満と衝突と紛議を繰り返す

①緒仁《おひと》　②建徳二＝応安四（一三七一）〜弘和二＝永徳二（一三八二）　③深草北陵《ふかくさのきた》（京都府京都市伏見区）

南朝に拉致されていた崇光上皇と、京にあった後光厳上皇との間でどちらの皇子を次代の天皇にするかで確執が生じるなか、幕府の支持を得て即位した、後光厳の皇子。十一年の在位を経て息子の幹仁《もとひと》親王（後小松天皇）に位を譲るが、政《まつりごと》の実権を握るのは室町将軍の足利義満《あしかがよしみつ》であった。

第百代　後小松《ごこまつ》天皇

九十八ページ参照。

第百一代　称光《しょうこう》天皇

父と継嗣問題で衝突

①実仁《みひと》（初名躬仁《みひと》）　②応永十九（一四一二）〜正長元（一四二八）　③深草北陵《ふかくさのきた》（京都府京都市伏見区）

応永《おうえい》十九年八月、十二歳で践祚《せんそ》。母は日野資国《ひのすけくに》の女《むすめ》・資子《すけこ》（光範門院《こうはんもんいん》）で、資国の妹・業子《なりこ》、姪・康子《やすこ》が足《あし》利義満《かがよしみつ》に嫁ぐなど日野氏を介して将軍家との結びつきが強いが、在位中は父の院政が続く。皇子がなく、継嗣問題での不和や病弱で奇矯《ききょう》の言動が目立ち、二十八歳で早世した。

第百二代 後花園《ごはなぞの》天皇

朝廷権威の高揚を図る

①彦仁《ひこひと》・円満智《えんまんち》・後文徳院《ごもんとくいん》 ②正長元(一四二八)〜寛正五(一四六四) ③後山国陵《のちのやまくに》(京都府京都市右京区)

父は伏見宮貞成《ふしみのみやさだふさ》親王。後小松院の猶子《ゆうし》となって即位し、血統を持明院《じみょういん》統《とう》嫡流の崇光院流に復す。「永享《えいきょう》の乱」に廃絶していた朝敵《ちょうてき》制度を復活し、天皇の政治的権威を高揚させた。寛正《かんしょう》の大飢饉《だいききん》(一四六一)には将軍・足利義政《あしかがよしまさ》に奢侈《しゃし》を戒《いまし》める漢詩を送るなど「近来の聖主」と称えられる。譲位後は院政をしくが、「応仁《おうにん》の乱」勃発を憂いて出家した。

第百三代 後土御門《ごつちみかど》天皇

百一ページ参照。

第百四代 後柏原《ごかしわばら》天皇

財政逼迫で献金により即位

①勝仁《かつひと》 ②明応九(一五〇〇)〜大永六(一五二六) ③深草北陵《ふかくさのきた》(京都府京都市伏見区)

応仁《おうにん》・文明《ぶんめい》の乱後の財政逼迫《ひっぱく》により、践祚《せんそ》後二十二年目の大永《だいえい》元年三月二十二日、将軍・足利義稙《あしかがよしたね》や本願寺《ほんがんじ》・光兼《こうけん》の献金により即位礼が行われた。朝廷儀式の復興に努め、疱瘡《ほうそう》流行の際には「般若心経《はんにゃしんぎょう》」を写経して延暦寺《えんりゃくじ》等へ納め、万民の安穏を祈念した。

第百五代 後奈良《ごなら》天皇

天皇の権威振興を図る

①知仁《ともひと》 ②大永六(一五二六)〜弘治三(一五五七) ③深草北陵《ふかくさのきた》(京都府京都市伏見区)

将軍が京から逃げるなか、戦国大名に官位を叙任し、長尾《ながお》・上杉氏らには私敵追討綸旨《りんじ》を与えるなど、天皇の権威振興を図った。天文《てんぶん》九年(一五四〇)、疫病退散を祈って諸国一宮に宸筆《しんぴつ》の般若心経を奉納。また、同十二年にはポルトガルより鉄砲が伝来し、同十八年には宣教師フランシスコ・ザビエルが渡来している。

第百六代 正親町《おおぎまち》天皇

百三ページ参照。

第百七代 後陽成《ごようぜい》天皇

百六ページ参照。

第百八代 後水尾《ごみずのお》天皇

百九ページ参照。

『御即位行幸図屏風』(左隻)。明正天皇の即位の様子を描く(宮内庁蔵)

第百九代

明正《めいしょう》天皇★

二代将軍秀忠の娘を母に持つ女帝

①興子《おきこ》・女一宮《おんないちのみや》 ②寛永六(一六二九)〜寛永二十(一六四三) ③月輪陵《つきのわ》(京都府京都市東山区)

後水尾天皇の第二皇女で、母の皇后・和子《まさ(かず)こ》(東福門院《とうふくもんいん》)は二代将軍・徳川秀忠《ひでただ》の女《むすめ》。「紫衣《しえ》事件」にみられるような幕府の干渉や圧迫により、父が突然譲位し、当時、皇位を継ぐべき男子がなかったことから七歳で践祚《せんそ》。女帝の即位は八百五十九年ぶりのこととなった。

第百十代

後光明《ごこうみょう》天皇

宮中祭祀や伝統行事の復興に尽力

①紹仁《つぐひと》・素鵞宮《すがのみや》 ②寛永二十(一六四三)〜承応三(一六五四) ③月輪陵《つきのわ》(京都府京都市東山区)

後光明天皇(模写。東京大学史料編纂所蔵)

異母姉・明正天皇の譲位により十一歳で即位する。正保《しょうほう》三年(一六四六)、応仁《おうにん》の乱で中断していた伊勢例幣使《いせれいへいし》を再興するなど典礼格式を重んじた。幼少のころから聡明で、詩文を好み、また儒学を尊重して自らも研鑽《けんさん》に努め、民間の朱子学者・朝山意林庵《あさやまいりんあん》を招いての聴講や藤原惺窩《ふじわらせいか》の業績を追慕して文集に序文を与えた。疱瘡《ほうそう》により二十二歳で崩御。

第百十一代 後《ご》西《さい》天皇

文芸や香道、茶道などに長ける

①良仁《ながひと》・秀宮《ひでのみや》・桃園宮《ももぞののみや》・花町宮《はなまちのみや》 ②承応三（一六五四）～寛文三（一六六三） ③月輪陵《つきのわ》（京都府京都市東山区）

後光明天皇崩御のとき後光明の養子となった異母弟・識仁《さとひと》親王（霊元天皇）が乳児のため、その成長まで皇位を継ぐ。温和な性質で和歌・連歌など文芸に優れ、香道、茶道などにも練達。侍臣《じしん》に御所の記録類を謄《とう》写《しゃ》させて副本を作成し、これらは京都御所東山御文庫《ひがしやまごぶんこ》の基となった。

第百十二代 霊《れい》元《げん》天皇

大嘗会や立太子式を再興させる

①識仁《さとひと》・高貴宮《あてのみや》・素浄 ②寛文三（一六六三）～貞享四（一六八七） ③月輪陵《つきのわ》（京都府京都市東山区）

後水尾天皇の第十九皇子として生まれ、十歳で即位。英邁剛毅《えいまいごうき》な性質で、朝仁親王（東山天皇）の立太子式や大嘗祭《だいじょうさい》など、長期間廃絶していた朝儀の大典を再興させる。譲位後には四十六年間院政を強行し、朝廷運営において関白《かんぱく》・近衛基熙《このえもとひろ》と合わず、江戸幕府とも対立し、干渉を招くことがあった。また、文芸の才に富み、とくに歌道の造詣が深く、詠歌は六千首を超え、歌道関係の撰著も三十余種に上る。

第百十三代 東《ひがし》山《やま》天皇

幕府と良好関係を築く

①朝仁《あさひと》・五宮《ごのみや》 ②貞享四（一六八七）～宝永六（一七〇九） ③月輪陵《つきのわ》（京都府京都市東山区）

父の霊元天皇により儲君《ちょくん》に治定《じじょう》されたが、この立太子以前に皇嗣《こうし》の身分を確定する儲君の制は東山天皇より始まる。五代将軍・徳川綱吉《つなよし》支配の江戸幕府と良好関係を築き、綱吉が上野・寛永寺《かんえいじ》の中堂《ちゅうどう》・文殊堂《もんじゅどう》を建立した際には「瑠璃殿《るりでん》」の宸筆《しんぴつ》を与えた。宝永《ほうえい》四年十一月二十三日、富士山大噴火が起こる。

「貞享四年大嘗會図」。およそ240年ぶりに再興された大嘗祭（即位の礼の後、初めて行う新嘗祭）の様子を描く（國學院大學図書館蔵）

第百十四代 中御門《なかみかど》天皇

『公事部類』などの撰書を残す

①慶仁《やすひと》・長宮《ますのみや》 ②宝永六(一七〇九)〜享保二十(一七三五) ③月輪陵《つきのわ》(京都府京都市東山区)

江戸幕府の六代将軍・徳川家宣《いえのぶ》から八代将軍・吉宗《よしむね》の時代にあたり、朝幕関係は良好で、宝永《ほうえい》七年には弟・直仁《なおひと》親王に閑院宮《かんいんのみや》家を創立させた。朝儀研究に熱心で『公事部類《くじぶるい》』などの撰著がある。また笛に堪能で、狐もやって来て聴き入ったという逸話が残る。

中御門天皇（模写。東京大学史料編纂所蔵）

第百十五代 桜町《さくらまち》天皇

「聖徳太子の再来」と評される

①昭仁《てるひと》・若宮《わかのみや》 ②享保二十(一七三五)〜延享四(一七四七) ③月輪陵《つきのわ》(京都府京都市東山区)

資性聡明で、先帝のとき再び中絶した大嘗祭《だいじょうさい》の復興をはじめ、儀制を整備して新嘗祭《にいなめさい》や宇佐奉幣使《うさほうへいし》の発遣など多くの儀式公事の復旧に努める。その事績は朝臣から賛嘆され、神沢《かんざわ》杜口《とこう》の随筆『翁草《おきなぐさ》』に「聖徳太子の再来」と評された。和歌の道にも秀で、『桜町院御集《さくらまちいんぎょしゅう》』などがある。

第百十六代 桃園《ももぞの》天皇

「宝暦事件」で尊王論者が弾圧

①遐仁《とおひと》・茶地宮《さちのみや》(初名八穂宮《やほのみや》) ②延享四(一七四七)〜宝暦十二(一七六二) ③月輪陵《つきのわ》(京都府京都市東山区)

学問を好む桃園天皇に、神道家・竹内式部《たけのうちしきぶ》から尊王思想を学んだ近習《きんじゅ》の公卿《くぎょう》・徳大寺公城《とくだいじきみき》らは『日本書紀』を進講。これを発端として宝暦《ほうれき》八年、幕府は式部を処罰、朝廷内の尊王論者も弾圧される「宝暦事件」が起こる。『桃園院御日記』には事件の処置を憤慨する記載がある。

第百十七代 後桜町《ごさくらまち》天皇★

弼導に尽くした最後の女帝

①智子《としこ》(初訓さとこ)・緋宮《あけのみや》(初名以茶宮《いさのみや》) ②宝暦十二(一七六二)〜明和七(一七七〇) ③月輪陵《つきのわ》(京都府京都市東山区)

先帝崩御の際、皇嗣《こうし》・英仁《ひでひと》親王（後桃園天皇）が幼少のため、皇位を継いだ最後の女帝。明和《めいわ》三年、江戸幕府への謀反の疑いで尊王論者の山県《やまがた》大弐《だいに》らが処罰される「明和事件」が起こる。譲位後は後桃園・光格の二天皇を訓育。また『禁中年中の事』などを著した。

第百十八代 後桃園《ごももぞの》天皇

百十一ページ参照。

第百十九代 光格《こうかく》天皇

父への孝心が「尊号一件」に発展

①兼仁《ともひと》（初名師仁《もろひと》）・祐宮《さちのみや》 ②安永八（一七七九）～文化十四（一八一七） ③後月輪《のちのつきのわ》陵（京都府京都市東山区）

東山天皇の皇孫・閑院宮典仁《かんいんのみやすけひと》親王の第六王子として誕生し、聖護院門《しょうごいんもん》跡《ぜき》を継ぐ予定であったが先帝崩御の際、養子となって皇嗣《こうし》に立てられ、即位する。博学能文を称せられ、詩作や管弦にも長じた。父宮に太上《だじょう》天皇の尊号を宣下しようとしたが、幕府老中・松平定信《ろうじゅうまつだいらさだのぶ》らに拒絶される「尊号事件（尊号一件）」となった。

『桜町殿行幸図』（部分）。文化14年に退位した光格天皇が上皇の御所へ向う行列を描く（国立公文書館蔵）

第百二十代 仁孝《にんこう》天皇

公家子弟の学問所を創設

①恵仁《あやひと》・寛宮《ゆたのみや》 ②文化十四（一八一七）～弘化三（一八四六） ③後月輪《のちのつきのわ》陵（京都府京都市東山区）

古儀復興に心を配り、父である先帝の崩御後、光格天皇と諡《おくりな》して、久しく中絶していた諡号《しごう》の古制を再興する。また学問を奨励して古典の講釈会を催し、さらに堂上子弟の教育機関である学習所（のち学習院）の創設を計画して建設に着手したが、講堂の完成を前に崩御した。

仁孝天皇（模写。東京大学史料編纂所蔵）

第3部

近代日本の出発をめぐる謎

近代

121代孝明天皇から124代昭和天皇まで

概説

「近代」の天皇を知るために

主体性を発揮した四代の天皇

天皇大権の明文化

近代の天皇は、欧米列強からの外圧を受けたことにより、日本型国民国家形成の軸として、新たな役割を担わされた。

孝明《こうめい》天皇は、攘夷《じょうい》を強く主張し、尊《そん》王《のう》と攘夷を結びつける大きな力となった。

ところが、孝明天皇は攘夷論者ではあっても倒幕論者ではなかった。このことが、幕末京都政局においてもねじれを生み、孝明天皇の死去をめぐり毒殺説がささやかれる遠因ともなる。

明治憲法体制では、国家意思決定に関して天皇に属する権能を天皇大《てんのうたい》権《けん》とし、官制および任官大権（首相の任命を含む）、統帥《とうすい》大権、外交大権など広範囲に規定している。ただ、憲法上の大権では輔弼《ほひつ》・輔翼《ほよく》の責任が原則であり、天皇を補佐して責任を負う者が決められていた。

統帥大権では参謀総長《さんぼうそうちょう》など閣外の軍令機関が輔翼し、首相の任命については内大臣《ないだいじん》が輔弼している。つまり、天皇個人に政治責任が問われない体制となっていた。しかし、天皇は主体性のない、お飾りの存在であったわけではない。

明治天皇
（国立国会図書館蔵）

「内奏」による意思表明

近代の天皇はみな個性的であり、この個性が政治情勢に影響を与えることがあった。輔弼・輔翼する機関は、最終文書を天皇に上奏《じょうそう》し、天皇の裁可《さいか》をいただく必要があり、慣習として上奏前に天皇に対して内々に奏上していた。これを内奏《ないそう》という。

ペリー艦隊の久里浜上陸
嘉永6年（1853）、ペリー率いるアメリカ東インド艦隊が江戸湾浦賀に現れたことで、日本は一気に新時代への道を加速させた（横浜市中央図書館蔵）

明治憲法体制における天皇大権

国務大権	法律の裁可・公布、議会の召集・解散、勅令制定、官吏任命、宣戦講和・条約締結、戒厳布告、軍隊の組織・編制・人事の決定、栄典授与など
統帥大権	出兵・撤兵の命令、戦略の決定、作戦の立案など
皇室大権	皇室事務、祭祀

内奏は原則口頭で行い、天皇は御《ご》下問《かもん》という形で政治上の意見表明をすることがあった。昭和天皇の政治的発言として伝えられているものの多くはこの内奏のときのものである。

また、天皇には信頼する政治家・軍人というものがおり（明治天皇では伊藤博文《いとうひろぶみ》・桂太郎《かつらたろう》など、昭和天皇では西園寺公望《さいおんじきんもち》・米内光政《よないみつまさ》・梅津美治郎《うめづよしじろう》など）、天皇の個人的意見が伝えられることもあった。

近代における天皇の問題は、極端な言説に流されることがあるが、まずは当時の政治構造での天皇の位置づけを把握する必要があろう。また、陰謀論のような説が流布《るふ》されることも多いが、事実関係を確認したうえで、陰謀論が流布される背景も検討する必要がある。

近代

121代 孝明天皇

見なおされる「毒殺説」の真相

▼こうめいてんのう
▼在位：一八四六〜六七（幕末）
▼父／仁孝天皇　母／正親町雅子

【業績】

攘夷・鎖国を主張し、幕府に海防の強化をうながし、幕府が勅許をまたずに調印した安政五ヵ国条約に反対。その後、公武合体をはかり、皇妹和宮を十四代将軍徳川家茂に降嫁させた。

長州藩を嫌う天皇の存在

孝明天皇が亡くなった慶応《けいおう》二年十二月（新暦では一八六七年一月。ここでは旧暦で記す）は、徳川慶喜《とくがわよしのぶ》が十五代将軍に就任したころであった。同年に起きた第二次長州戦争の結果、長州藩は盛り返していたが、依然として、朝敵であることに変わりはなく、長州藩を嫌う孝明天皇が健在である限り、京都政局での展望が開けないままでいた。

孝明天皇は、慶応二年十二月十二日に発熱を起こし、十四日以降、伊《い》良《ら》子《こ》光順《みつおさ》など典薬寮《てんやくりょう》医師が集められた。十六日に吹出物がみられるようになり疱瘡《ほうそう》と判断され、十七日に武家伝奏《ぶけてんそう》などへ天皇が疱瘡に罹患《りかん》したことを正式に報告した。

十七日以降、神社仏閣が天然痘治癒を願って祈禱《きとう》をはじめ、天皇の症状は定期的に医師団が「御容態書」として発表した。「御容態書」では回復傾向もみられたが、二十五日になって急変、孝明天皇は亡くなっている。

孝明天皇
（泉涌寺蔵）

このように当時から、孝明天皇の病気は天然痘であることが公表されていた。ただ、「毒殺」といううわさは存在しており、イギリス外交官のアーネスト・サトウが書き記している。

毒殺説の隆盛と衰退

孝明天皇毒殺説がとくに主張され始めたのは、戦後になってからである。歴史学者のねずまさしは、「御容態書」で症状が回復傾向であったのに、容態が急変したのはおかしいとし、回復期になってヒ素が盛られたと推定、そして当時蟄居《ちっきょ》中であった◉岩倉具視《いわくらともみ》が首謀者で、その妹の女官《にょかん》堀河紀子《ほりかわもとこ》が実行犯だとした。

さらに、昭和五十年（一九七五）から伊良子光順の拝診日記が公開され、客観的事実が中心で天然痘説を覆すような新発見があったわけではないが、これ以後、孝明天皇毒殺説が一定の影響力をもった。

ところが、平成元年（一九八九）歴史学者の原口清が、あらためて一次史料の精査と専門家による医学的見地を求め、「御容態書」では抽象的に回復傾向と表現しているだけで、ほかの史料とあわせると予断の許さない容態であったこと、天皇の症状は悪性紫斑性《しはんせい》痘瘡のものと一致することを主張した。今日ではこの痘瘡による病死説が一般的である。

毒殺説は根拠がなく、そもそも学界で一定の影響力をもったことの方が不思議である。思うに、一九七〇年代ころまで幕末維新史研究は、明治国家に連なるできごとを取り上げ、その意味づけに意義を見出していたところがあり、孝明天皇毒殺説も、天皇の死が幕末維新史の方向性を大きく変えたことから関心が集まっていた。しかし、直接的根拠がないまま毒殺を強調して、近代国家形成過程にまで議論をつなげるのには、無理があった。

岩倉具視
当時、和宮降嫁の推進などにより弾劾され、蟄居の身であった（国立国会図書館蔵）

◉長州戦争（第一次・第二次） 幕府が二度にわたり、長州藩を攻めた戦い。元治元年（一八六四）の第一次では、長州藩が恭順したので戦わずに撤兵。慶応二年（一八六六）に行われた第二次では、幕府軍が敗退。以後、幕府の権威は急速に失われた。

◉岩倉具視（一八二五〜八三） 幕末に活躍した公卿。一時宮中を追われるも、薩長らと結び王政復古の実現に尽力し、新政府の中心となる。維新後は遣欧米使節団の特命全権大使となった。

近代

122代 明治天皇

「明治憲法体制」のもとで確立された政治関与

▼めいじてんのう
▼在位：一八六七～一九一二
▼父／孝明天皇　母／中山慶子

【業績】

幕府の大政奉還の後、王政復古の大号令を発する。翌年「五箇条の御誓文」を宣布し、「富国強兵」などの方針を定めた。その後、廃藩置県や大日本帝国憲法の発布など封建制度を廃して近代国家としての体制を確立した。

最終決定と天皇のかかわり

明治憲法体制は天皇への上奏《じょうそう》と天皇裁可《さいか》によって最終決定がなされるシステムとなっており、正確な言い方をすれば、法律の議会通過や閣議決定、御前会議《ごぜんかいぎ》の結論でさえも最終決定ではない。上奏は明治末期である明治四十年（一九〇七）の◉公式令《こうしきれい》の公布によってほぼ形式が固まり、原則として天皇を補佐して政治的責任を負う輔弼《ほひつ》・輔翼《ほよく》の機関が行った。

天皇は、上奏段階で否決することはなかったが、かわりに上奏前に天皇に内々に奏する内奏《ないそう》の段階で、御《ご》下問《かもん》と称して政治的発言をすることがあった。ただ内奏は上奏が制度化するなかでシステム化していくが、明治期は全体として過渡期《かとき》であり、この時期、内奏は天皇と個人的な信頼関係のある人物との間で行われることがあった。

信頼する人物とともに国家を導く

たとえば伊藤博文《いとうひろぶみ》は、明治天皇から信頼を得ている人物の一人である。明治二十四年十二月、海軍の軍拡予算案をめぐって国会が紛糾《ふんきゅう》すると、明治天皇は衆議院の解散に関してその前途を憂慮《ゆうりょ》し、松方正義《まつかたまさよし》首相に「御《ご》沙汰《さた》」を出し、各地方官へも注意を促した。ただそれでも心配であったため、信頼していた◉枢密院《すうみついん》議長伊藤博文の内奏を求めている。明治天皇は国内の政治的混乱や外交上の懸念《けねん》が生じると、補佐すべき機関とは関係なく、個人的に信頼する人物に内奏を求めるのである。

明治三十三年七月、義和団《ぎわだん》事件で混乱する清《しん》国情勢に関して、明治天皇は伊藤博文に命じ、清国情勢に関して内奏することを求め、首相や外相に対しては外交に関して伊藤博文と相談するよう命じている。ほかにも日露《にちろ》戦争（明治二十七～八年）の前後に首相であった桂太郎《かつらたろう》や、陸軍大臣の寺内正毅《てらうちまさたけ》も明治天皇の信任が厚く、天皇への内奏を求められていた。

幕末維新期にみられた密奏《みっそう》は、秘密裡に天皇に政治的案件を奏上し、反対派勢力に対して優位に立とうとして行われるもので、明治維新後このような密奏は否定された。

明治憲法体制で整備された上奏前に補佐機関が行う内奏は、この密奏とは異なるものである。しかし、明治天皇は、輔弼・輔翼の関係を超えて、信頼する人物に内奏を求めており、密奏と変わらないものもあった。帝国主義時代の外交指針に悩み、国内の政党勢力の対立に憂慮し、それを信頼する人物に内奏・御下問という形で伝えていたのである。

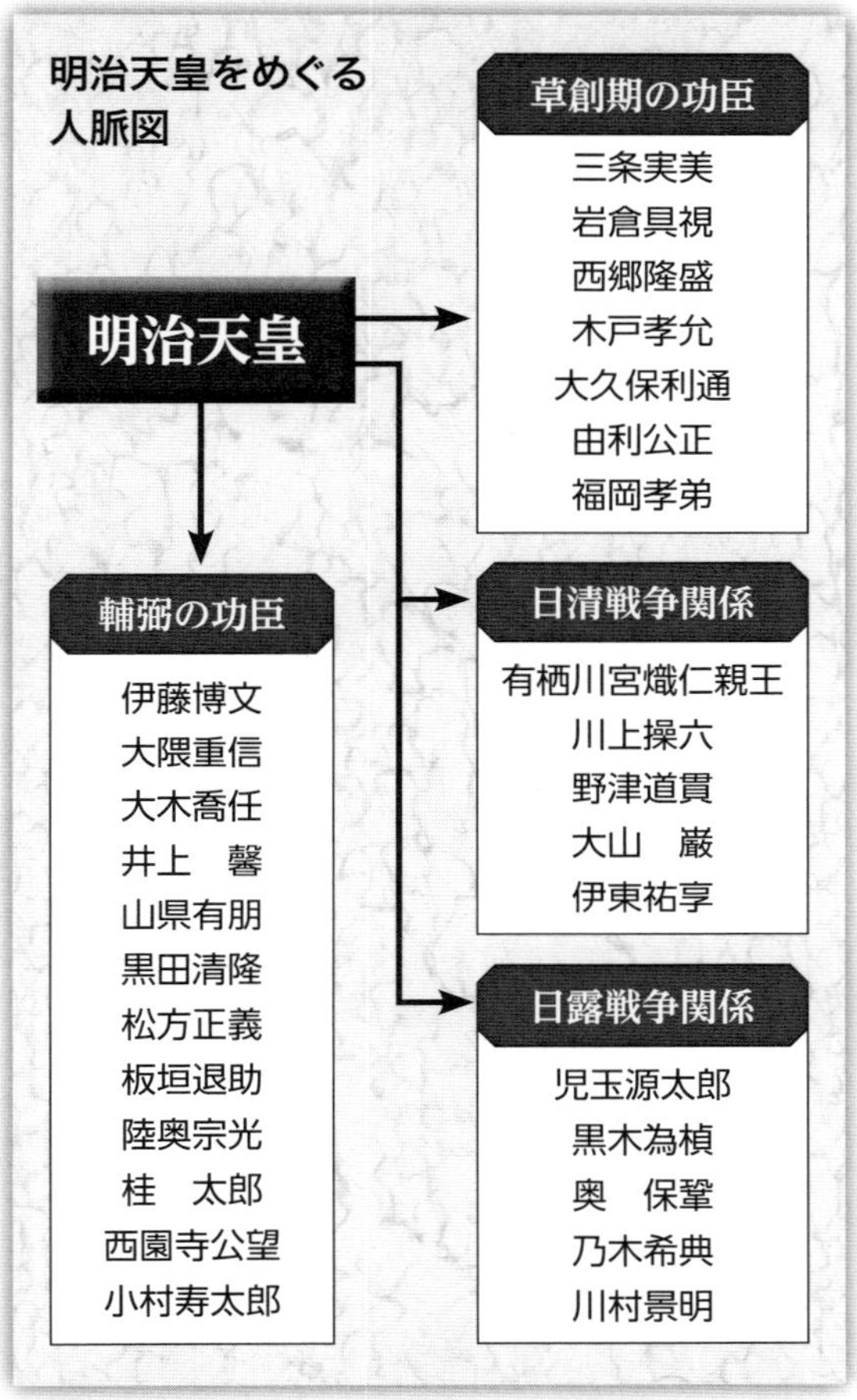

◉公式令
明治憲法下で、天皇による各種法令や条約の公布の方式を定めた勅令。明治四十年（一九〇七）制定、昭和二十二年（一九四七）、廃止。

◉枢密院
明治憲法下の天皇の最高諮問機関。議長・副議長・顧問官により組織され、内閣から独立した機関として政治に関与した。昭和二十二年（一九四七）、廃止。

近代

123代 大正天皇

再検討される「宮中某重大事件」

▼たいしょうてんのう
▼在位：一九一二～二六
▼父／明治天皇　母／柳原愛子

【業績】

幼少より健康がすぐれず、即位後しばらくして政務を十分とることができなくなり、大正十年(一九二一)、皇太子裕仁を摂政に任じた。また、皇室としてはじめて一夫一妻制を確立した。

皇太子妃選定をめぐる対立

大正八年（一九一九）、宮内省《くないしょう》から久邇宮邦彦《くにのみやくによし》親王の第一皇女良子《ながこ》を皇太子裕仁《ひろひと》（のちの昭和天皇）の妃《きさき》に内定したことが発表された。

ところが学習院の体格検査で、●久邇宮家には良子の母方の島津《しまづ》家より色覚異常遺伝の要素が入っていることがわかった。宮内省でも医師に調査させ、また東京帝国大学の博士にも調査を依頼、色覚異常が認められた。

●元老山県有朋《げんろうやまがたありとも》は、松方正義《まつかたまさよし》・西園寺公望《さいおんじきんもち》と相談し、医学上の根拠を把握したうえで、久邇宮家から婚約辞退をするように働きかけた。

原敬《はらたかし》首相は西園寺公望から事情を聴き、婚約辞退を支持する。ところが、久邇宮家側は婚約辞退を拒否し、お妃教育の講師であった杉浦重剛《すぎうらじゅうごう》ら国粋《こくすい》主義グループは、これは長州閥《ばつ》である山県有朋が、薩摩《さつま》系の良子が将来の皇后となることを嫌って画策した陰謀であると喧伝《けんでん》し、怪文書が政治家などに配られた。

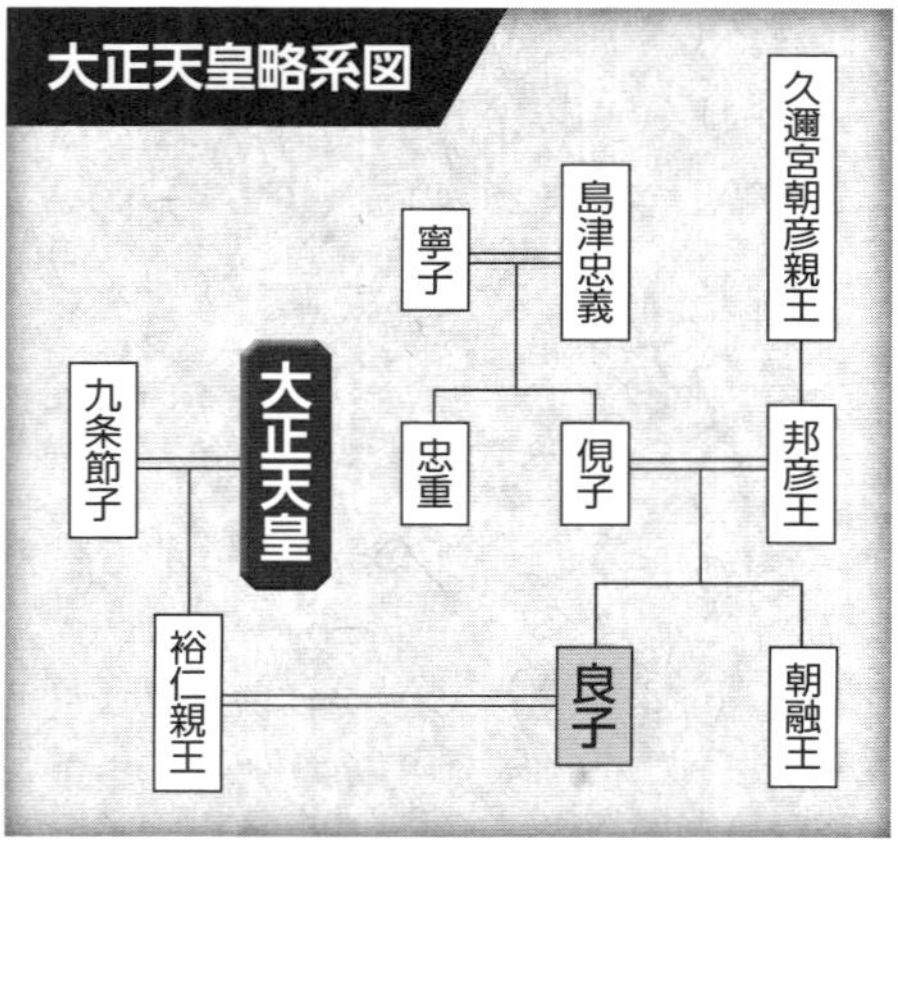

大正天皇略系図

この山県による陰謀という見方は当時宮中の女官《にょかん》にまで広がっており、大正デモクラシー状況のなかでの反山県・反閥族感情がこの事件の背景に流れている。

別邸に大正天皇(中央左。皇太子当時)を迎えた山県有朋(中央)
山県は伊藤博文亡き後、元老のなかでもっとも強い発言力をもっていた。大正天皇にも皇太子時代よりたびたび直言することもあり、あまりいい関係ではなかったともいわれる(国立国会図書館蔵)

宮中グループの変容への契機

戦後歴史学においても、宮中某重大事件とは、長州閥山県有朋の陰謀であり、薩摩系の良子が天皇家に入ることを嫌って起こしたものという、国粋主義者の見解が支持される時期があった。

しかし近年では、当時の医学上の根拠をもとにし、山県有朋だけでなく、松方正義・西園寺公望というほかの元老、原敬首相も、久邇宮家からの婚約辞退が最良の対応策であると認識していたことがわかっている。そこに長州閥や薩摩閥といった考えはなく、天皇家に色覚異常遺伝を入れてはいけないという思いからであった。

一方、宮中某重大事件をあらためて歴史上に位置づけなおす必要が求められている。

この事件の責任問題から、元老山県有朋は失脚、松方正義が大正十三年に死去すると、西園寺公望が唯一の元老となった。宮内大臣として事件の収拾に尽力した牧野伸顕《まきののぶあき》はその後、◉内大臣《ないだいじん》となり、政党内閣期から二・二六事件前夜まで元老西園寺・牧野内大臣が宮中の中心であった。

このように宮中某重大事件は、大正期「宮中グループ」が変容する画期となっているのである。

◉久邇宮家
明治初期に伏見宮邦家親王の第四皇子・朝彦親王が創設。朝彦親王は幕末に薩長ら尊攘派と対立していた。

◉元老
明治中期から昭和前期にかけて、憲法規定外にありながら重要政務や後継首相の決定などを主導した政界の長老。

◉内大臣
明治十八年(一八八五)の内閣制度の開始とともに宮中に設置された官職。天皇の側近として常時補佐した。

近代

124代 昭和天皇①

二・二六事件下で浮上した「秩父宮クーデタ関与説」

▼しょうわてんのう
▼在位：一九二六～八九
▼父／大正天皇　母／九条節子

【業績】

即位後、世界恐慌や第二次世界大戦、連合国による占領と難局に直面した。戦後、自らの神格化を否定する「人間宣言」を発表し、日本国憲法下で日本国および日本国民統合の象徴となった。生物学の研究でも知られる。

陸軍に身を置いた昭和天皇の弟宮

昭和初期、皇位継承第一位は昭和天皇弟宮の秩父宮《ちちぶのみや》雍仁《やすひと》親王であり、昭和八年（一九三三）に明仁《あきひと》親王（今《きん》上《じょう》天皇）が誕生すると、その後は有力な摂政《せっしょう》候補となった。秩父宮は、昭和天皇と年が近いこともあり、宮中において時局に関して激論を交わすことがあった。

秩父宮は大正九年（一九二〇）に陸軍《りくぐん》士官《しかん》学校《がっこう》に入学するが、同期には西田税《にしだみつぎ》がいた。昭和六年からは第一師団歩兵第三連隊の中隊長を務めた。ここはのちに二・二六事件を起こした連隊であり、秩父宮は事件の中心の一人、安《あん》藤輝三《どうてるぞう》大尉とも交流があった。

昭和十年からは弘前《ひろさき》にある歩兵第三十一連隊の大隊長となっていた。秩父宮は、二・二六事件を起こした青年将校らと交流があったことから、事件が起きるとその関係が噂された。

二・二六事件時の皇族軍人一覧

【陸軍】		
秩父宮雍仁親王	歩兵第31連隊大隊長	少佐
朝香宮鳩彦王	軍事参議官	中将
東久邇宮稔彦王	軍事参議官	中将
閑院宮載仁親王	参謀総長	元帥
閑院宮春仁王	陸軍騎兵学校教員	大尉
賀陽宮恒憲王	騎兵第16連隊長	中佐
竹田宮恒徳王		中尉
梨本宮守正王	軍事参議官	元帥
北白川宮永久王	近衛野砲兵連隊附	中尉
【海軍】		
高松宮宣仁親王		少佐
伏見宮博恭王	軍令部総長	元帥
伏見宮博義王		中佐
伏見宮博英王		少尉
久邇宮朝融王	軍令部員	少佐

皇族による会議と朝香宮の強硬論

二・二六事件発生時、宮中では秩父宮の弘前からの帰還が一つの問題になっていた。秩父宮が帰った時、反乱軍に利用されるのではないかと危《き》惧《ぐ》したのである。しかし、秩父宮を兄宮として慕う高松宮宣仁親王《たかまつのみやのぶひと》は、電話で秩父宮と相談、東京帰還を決め、宮中側近を説得する。秩父宮は、いまだ反乱軍が占領している二十七日に東京に戻り、すぐに参内《さんだい》した。

秩父宮雍仁親王(1902~53)
(『皇室皇族聖鑑』より。国立国会図書館蔵)

事件当時、在京の皇族の間では、朝《あさ》香宮鳩彦《かのみややすひこ》王が中心となって、皇族で集まり、そのうえで速《すみ》やかに後継内閣をつくるよう天皇に進言しようとしていた。しかし高松宮は、皇族が天皇に進言することに反対、ただ秩父宮の帰京後に皇族が集まることには賛同した。

二十八日、宮中葡萄《ぶどう》の間において秩父宮・高松宮・朝香宮ら皇族が集まった。そこでは、皇族としての所見統一ということにはならず、結局秩父宮・高松宮が弟として天皇を助けるということで落ち着いた。

昭和天皇は、時局に関して秩父宮と対立することが多かったが、このときの秩父宮・高松宮の態度について肯定的に評価している。もしも朝香宮の強硬論に引っ張られていたら、クーデタの収拾の行方《ゆくえ》に悪い影響を与えていたかもしれず、秩父宮・高松宮という若い弟宮が穏当《おんとう》な行動をとったことで、皇族を抑えることにつながったのである。

二・二六事件を起こした青年将校のなかには、秩父宮と面識のあるものも含まれていたが、二十七日に上京してきた秩父宮を政治的に利用しようとはしなかった。秩父宮にしても、青年将校を擁護《ようご》する言動はみられず、秩父宮がクーデタに関与していたとは考えにくい。

●西田税（一九〇一～三七）
北一輝の門下となり国家改造運動に参加、士官学校出身でもあり多くの青年将校と交わる。二・二六事件では青年将校たちのリーダー的存在として連座し、処刑された。

●二・二六事件
昭和十一年二月二十六日未明より、国家改造を図る青年将校らが部隊を指揮して岡田啓介首相、鈴木貫太郎侍従長、斎藤實内大臣、高橋是清蔵相、渡辺錠太郎教育総監、牧野伸顕前内大臣を襲撃、総理大臣官邸、警視庁、陸軍省、参謀本部、東京朝日新聞を占拠した事件。

近代

124代 昭和天皇②

敗戦という未曾有の国難に浮上した「退位論」

各方面から相次ぐ退位論

昭和二十年（一九四五）八月、太平洋戦争の敗戦後、戦争犯罪人の処罰が大きな問題となっていたが、当初、その範囲が不明で、近衛文麿《このえふみまろ》や内大臣木戸幸一《きどこういち》らは自身が戦犯になるとは考えていなかった。

天皇に関しても、海外の報道では強硬論も多くあり、予断を許さなかったが、連合国軍最高司令官マッカーサーは早い段階から戦後日本の統治には天皇は必要であるとして、戦犯から除外する考えを持っていた。ただし、マッカーサーは戦前の神格化された天皇は否定し、宮中の大改革も必要と考えていた。

内大臣の木戸幸一は、A級戦犯指名を受けると、自身の弁明が宮中を守ることにつながると考える一方、昭和天皇には道義的責任があり、天皇制百年の計のためには退位すべきだと進言した。宮中周辺では、退位論を述べるものは意外に多かった。

天皇の弟宮である高松宮宣仁《たかまつのみやのぶひと》親王は、あれだけの戦争をして負けた以上、退位するのが日本の常識だとし、明仁《あきひと》親王即位、太平洋戦争中病気療養していた秩父宮雍仁《ちちぶのみややすひと》親王の摂《せっ》政《しょう》就任を模索する。昭和二十二年、皇室典範《こうしつてんぱん》の改正で天皇の退位条項がないことを確認すると、不満をみせるのだった。

内閣の側では、昭和二十三年に首相となった芦田均《あしだひとし》が、道義的責任を明らかにするため、天皇退位論を堅《けん》持《じ》していた。芦田は戦前と戦後の宮中の別を明らかにするために、閣僚内奏《ないそう》を廃止、また宮内府長官と侍従《じじゅう》長《ちょう》を同時に交替させて、宮内府長官には天皇退位論者の田島道治《たじまみちじ》を任命した。マッカーサーはこの芦田の宮

敗戦報告のため
伊勢神宮を参拝する
昭和天皇
（昭和20年11月。朝日新聞社提供）

中改革を支持している。

退位をしなかった四つの理由

このように、敗戦後の内閣・宮中周辺では天皇退位論が無視できない広がりをもっていた。しかし、結局天皇は退位していない。これはなぜなのだろうか。

第一に昭和天皇に退位の意思がなかったこと、第二にマッカーサーは宮中改革を支持しても、天皇の退位には賛同していなかったこと、第三に宮中周辺の天皇退位論は天皇個人を守るというよりも、予防的に戦犯論議から天皇制を守るという意味が強く、民衆の共感を得にくいものであったことが挙げられる。

そして第四に、天皇の戦争責任を問おうとしている革新勢力からみても、責任の所在をあいまいにするだけで、賛同しにくいものであったからだと思われる。

第一生命館
昭和27年のサンフランシスコ講和条約発効まで、連合国最高司令官総司令部が置かれた

●A級戦犯
第二次世界大戦後、連合国が東京裁判で「平和に対する罪」を問うために訴追した、指導的立場にあった重要戦争犯罪人の呼称。通例の戦争犯罪を裁いたBC級戦犯と区別された。

●皇室典範
皇位継承・皇族の範囲や身分・摂政・皇室会議など、皇室に関する事項を規定する法律。昭和二十二年制定。明治に制定された旧皇室典範は憲法と同格で議会の関与が禁じられていたが、現行皇室典範は法律の一形式となった。

●侍従長
宮内省（庁）の一部局である侍従職の長官。天皇の側近として、宮中事務などを統括した。

COLUMN

江戸時代に復活した女帝

幕府の横暴に耐えかねた天皇の抵抗

寛永《かんえい》七年（一六三〇）九月十二日、八百六十年ぶりの女帝、明正《めいしょう》天皇が即位した。七歳の幼帝である。

明正天皇は、後水尾《ごみずのお》天皇と徳川秀《ひで》忠《ただ》の娘、和子《まさこ》との間に生まれた。つまり徳川の血をひく天皇だった。しかし秀忠は、この即位を歓迎していなかった。男孫の即位なら、徳川は外戚《がいせき》として公家社会に力を揮《ふる》うことができる。そして徳川の血が天皇家に継がれていく。だが女帝では、その子は皇位を継げず、徳川の血は一代限りとなる。それでも秀忠は即位を認めるしかなかった。後水尾天皇が、いきなり譲位してしまったからだ。幕府には譲位が行われた後で報告されたので、もはや承諾するよりほかなく、皇子がいない今は、明正の即位も認めざるをえなかったのである。

譲位は、幕府の朝廷支配の強まりに対する天皇の唯一の抵抗手段だった。今や天皇は、公家衆に官位や報償を与えることも自由にできなかった。寄進は少なく、金銀や米を貸し出して利息を収入とするようになっていた。後水尾はそのことを恥じた。また、局《つぼね》たちが後水尾の子を懐妊すると、流産させられたり、産まれた皇子を押し殺されたりしていたともいう。こうしたことへの怒りが後水尾には蓄積していた。

そして紫衣《しえ》事件が起こる。幕府の許可なく大寺院の住職らが紫衣着用の勅許《ちょっきょ》を得ていたとして、流罪《るざい》にされた事件である。勅許を無効にされ、権威を傷つけられた怒りに、後水尾は譲位を決意する。幕府は、和子が産んだ高仁《すけひと》親王を即位させるのにいい頃合いとみて、譲位を認めた。ところが親王が急死し、秀忠は延期を要求してくる。

そこで後水尾は、背の腫物《はれもの》の療治のために譲位したいと伝えた。天皇である間は玉体《ぎょくたい》を傷つけることが許されず、鍼灸《しんきゅう》治療を受けられないからである。すると、病状確認と説得のため、秀忠の乳母《めのと》、お福（春日《かすがの》局《つぼね》）が使いとして参内《さんだい》する。無位無官の女の参内を許さざるをえなかった後水尾の怒りはいっそう募り、お福が帰るや、即座に譲位を決行。そうして八百六十年ぶりの女帝が誕生した。

第4部

天皇に隠された謎と真相

神功皇后は天皇だったのか？

正史には天皇とされていないながらも天皇と同等の権力をもった古代の女性たちを追う。

天皇に準じる立場にいた女性たち

平成の御代、今上天皇は百二十五代目の天皇だ。したがって初代の神武《じんむ》天皇から現在まで、二例の重祚《ちょうそ》を除けば百二十三人の天皇が存在したことになる。

とはいえ壬申《じんしん》の乱に敗れ自害した大友皇子《おおとものみこ》の即位が『日本書紀』に記されなくとも、のちに弘文《こうぶん》天皇の号が贈られて第三十九代の天皇に数えられるようになった例もある。必ずしも正史たる『日本書紀』の記述のみで古代の歴代天皇が決定されているわけではない。

この弘文天皇のように、正史に明記されてはいないが、もしかしたら即位していたのかと思われる人物はほかにもいる。

たとえば『日本書紀』によれば、のちに第二十四代の仁賢《にんけん》天皇と二十三代の顕宗《けんぞう》天皇となる兄弟が皇位を譲り合い、空位となっていたとき、姉の飯豊青皇女《いいとよのあおのひめみこ》が角刺宮《つのさしのみや》で国を治めたという。このとき皇女は「忍海《おしぬみの》飯豊青尊《いいとよあおのみこと》」と名乗ったといい、また、その死を「崩」と表現していること

神功皇后の新羅征討

妊娠中でありながら武内宿禰とともに朝鮮半島に出兵し、新羅を討ったとされる（山口県立萩美術館・浦上記念館蔵）

から、即位が明記されてなくとも、まさに天皇と同格に扱われていることがわかる。

　また第三十八代天智《てんじ》天皇の皇后、倭姫皇后《やまとひめのこうごう》が即位したという説もある。これは病床の天智天皇が大海人《おおあま》皇子に即位を促したところ、皇子は倭姫皇后を天皇に、大友皇子を皇太子にするよう進言したことに由来している。ただし大友皇子の場合と同様、即位を示す確実な史料はない。

伝説に彩られた神功皇后の存在

　そしてもうひとり、即位していた可能性を思わせるのが、第十四代仲《ちゅう》哀《あい》天皇の皇后の気長足姫尊《おきながたらしひめのみこと》、すなわち神功《じんぐう》皇后だ。

　神功皇后は『日本書紀』においてかなり特異に扱われている。仲哀天皇の崩御後、新しい天皇は立てずに皇后が新羅《しらぎ》征討や国内の反乱分子の平定をして摂政《せっしょう》となり、息子を立太子させたあと世を去るまで摂政のままなのだが、それらの記事はほかの天皇と同格に一巻が充てられているのである。

さらにその神功皇后紀には数カ所、いわゆる『魏志倭人伝《ぎしわじんでん》』の「倭《わ》の女王」に関する記事が分注で引用されており、これは『日本書紀』の編者が皇后と卑弥呼《ひみこ》を同一視していたことを示している。また『常陸《ひたち》国風土記』や「摂津《せっつ》国風土記」逸文《いつぶん》には「息長足比売天皇」などと表記され、天皇だったとみなされている例もある。

では、果たして神功皇后が天皇に即位していた可能性があるのかというと、この皇后に関してそれを問うのはあまり意味がない。なぜなら神功皇后は伝説色が強いために、歴史上の人物として即位の有無を問題にする必要性が低いからだ。

『日本書紀』の編者が邪馬台国《やまたいこく》の女王卑弥呼になぞらえてはいても、皇后の即位を加筆することなく摂政の地位にとどめたのは、血筋に関係していると見ることもできる。存在した女性天皇はみな父か兄弟が天皇だが、神功皇后は五代さかのぼってようやく第九代の開化《かいか》天皇にたどり着くのである。

神功皇后が摂政を務めた六十九年間は、天皇がいなかった異常な時代といえる。それでも皇后を天皇としなかったのは、のちに応神《おうじん》天皇となる皇太子がいたからだろう。応神天皇は『日本書紀』で胎中《はらのうちにまします》天皇とも称されているのだが、これは母のお腹の中にいてすでに天皇としての力を発揮し、新羅征討を果たしたと考えられていることを意味する。したがって表面的には天皇が不在ながら、実質的に君臨していたとする伝説で事足りるのである。

最初の女帝は第三十三代の推古《すいこ》天皇まで待たねばならない。それまでなかった女帝が出現したのは、現実に先代の崇峻《すしゅん》天皇が暗殺されるという異常で複雑な政治状況だったからだ。第三十五代の皇極《こうぎょく》天皇および第三十七代の斉明《さいめい》天皇として重祚する女帝も、皇位継承をめぐる争いを避けるための対策である。歴代の八人十代の女帝のうち六人八代が古代に出たのは、天皇が現実に権力を有していた時代ゆえである。

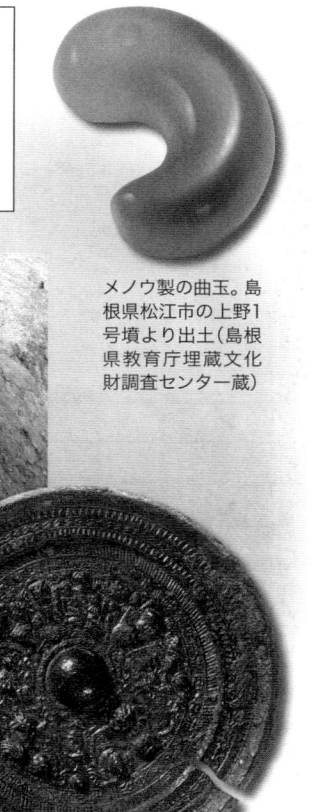

神話の時代から伝わる神器のもつ意味とは？

三種の神器と皇位継承の謎に迫る。

発掘された剣・鏡・曲玉
これらは日本各地の遺跡から発掘されるが、墓や古墳に副葬品として埋葬されていることが多く、神聖なものとしてみなされていたことがわかる（写真3点とも島根県古代出雲歴史博物館提供）

メノウ製の曲玉。島根県松江市の上野1号墳より出土（島根県教育庁埋蔵文化財調査センター蔵）

島根県出雲市の神庭荒神谷遺跡から発掘された300本以上の銅剣

景初3年（239）の銘が刻まれた三角縁神獣鏡。神原神社古墳から出土（国保管）

本体と分身が存在する神器

世界中に存在する、もしくは存在した君主には、権威や権力の正統性を象徴する品が継承されていたりする。皇室の場合、それが八《や》咫鏡《たのかがみ》・草《くさ》薙剣《なぎのつるぎ》・八坂瓊曲玉《やさかにのまがたま》といった三種の神《じん》器《ぎ》だが、念のため本体と分身の別と、所在地について最初に確認しておこう。

八咫鏡と草薙剣には本体と分身があり、曲玉は本体のみである。八咫鏡の本体は伊勢《いせ》神宮の内宮に、草薙剣の本体は熱田《あつた》神宮に祀《まつ》られ、それらの分身と曲玉は、皇居にて天皇とともにある。皇居内の神器については、八咫鏡は宮中三殿の賢所《かしこどころ》、そして剣と曲玉は両陛下の寝室の隣に設けられた「剣璽《けんじ》の間」に奉安されている。

どうして本体と分身に分かれているのかというと、本来は別のものだったがのちに結びつけられたとも指摘され、明確なことはわからない。ただ『古語拾遺《こごしゅうい》』によれば、八咫鏡と草薙剣が崇神《すじん》天皇のもとを離れた際、天皇の「護《まもり》の御璽《みしるし》」として新たに鏡と剣がつくられたという。剣については平安時代末に安徳《あんとく》天皇とともに壇ノ浦《だんのうら》へと沈み、回収できなかったので別の剣が二代目の草薙剣とされ、現在に至っている。

つねに天皇とともにある剣璽

したがって代々の天皇が宮中にて継承してきた神器とは、分身の八咫鏡と草薙剣、そして本体の曲玉の三種ということになる。八咫鏡は賢所で厳重に祀られ、しかも納められている現在の御辛櫃《おんからひつ》は二〇〇キロ以上の重量であることから、余程のことがない限り動かされることはない。

しかし剣と曲玉はそれぞれ小さな箱に納められ、宮中祭祀などにおいて天皇が出御《しゅつぎょ》される際に前後を護るような形で伴われる。

平成二十六年（二〇一四）三月、伊勢神宮に参拝される両陛下とともに宮中の草薙剣と曲玉も御動座したことはニュースでも伝えられた。この剣璽御動座《けんじごどうざ》が行われるのは、現在は神宮参拝の際だけだが、かつては天皇の一泊以上の行幸においては必ず剣と曲玉も伴われたのである。神器はまさに天皇と切っても切り離せない品といえるだろう。

ゆえに天皇の代替わりがあるときは、神器の継承が速やかに行われる。昭和天皇が崩御《ほうぎょ》されたときも、崩御の三時間半後には宮中にて「剣璽等承継の儀」があり、今上天皇に神器が受け継がれている。

皇室の長い歴史においては、宮中の神器の所在場所や継承の仕方に多少の変動は見られる。『日本書紀』によれば持統《じとう》天皇の即位では「神璽《かみのしるし》の剣鏡」（天皇のしるしとしての剣と鏡）が奉られたとあり、『日本後紀』によれば平城《へいぜい》天皇に「璽並《なら》びに剣」（曲玉と剣）が奉られたという。もちろん三種の神器がともに受け継がれるのだが、儀式としては二種の継承に代表され、現在の剣璽等承継の儀につながっている。

剣璽御動座
2014年3月、式年遷宮があった伊勢神宮に向かわれる天皇皇后両陛下。その後ろに侍従が剣と璽を捧げもっている。剣と璽が皇居外にもち出されたのは、前回の式年遷宮後の両陛下の参拝以来、20年ぶりだった（朝日新聞社提供）

神話に語られる天皇家のルーツと神器

なぜ天皇は、そして皇位は神器とともにあるのだろうか。記紀神話に語られる伝承によれば、皇室の祖の瓊瓊杵尊《ににぎのみこと》が三種の神器を携え、高天《たかまの》原《はら》から地上に降臨したという。神器を尊に渡したのは祖母にあたる天《あま》照大神《てらすおおみかみ》で、とくに八咫鏡について「この鏡を私だと思い、同じ御殿に祀りなさい」と命じており、尊重されるべき鏡だと知られる。なお、鏡と曲玉は天石窟《あめのいわや》開き神事に際してつくられ、剣は八《やま》岐大蛇《たのおろち》の尾から出たのち天照大神のもとにもたらされたとされる。三種ともに天照大神にまつわる品となるわけだが、丸く輝く八咫鏡は太陽神天照大神の姿をかたどったもの、その御魂が宿ったものとみなされ、とりわけ神聖視される。

神器とともに降臨した瓊瓊杵尊は、天照大神の孫という意味で「皇御孫《すめみまの》尊《みこと》」とも呼ばれる。そしてまた天皇を皇御孫命と称することもある。つまり神学的に歴代の天皇は、天照大神の御魂が宿る八咫鏡を祀るよう命じられた瓊瓊杵尊と同格ということだ。天皇としての権威の背景には、三種の神器を通して瓊瓊杵尊が、そして天照大神がいるのである。

天皇の号は何を意味するのか？

過去の天皇を呼ぶ際に使われている追号や諡号。その違いとはどんなものか？

在所や御陵の名が多く使われている追号

明治時代より以降、それぞれの天皇の時代にはひとつの元号が使用される「一世《いっせ》一元《いちげん》の制」が定められている。つまり明治天皇が崩御《ほうぎょ》すると明治時代が終わり、大正天皇が崩御すると大正時代が終わるということになる。

しかしより厳密にいえば右のような表現は不正確で、明治天皇が明治天皇と呼ばれるようになったのは崩御してからのことである。崩御後に在位中の元号が「追号《ついごう》」され、その後の呼び名となるわけだ。だから当然のことながら、在位中の天皇を元号の名称で称してはならない。

追号というのは、天皇個人への格別な賛美の意味のない号が崩御後に贈られる場合をいう。元号が追号されるのは明治以降のことで、それ以前は天皇一代に何度も改元される場合のある元号ではなく、在所の名称や寺名、葬られた御陵《ごりょう》の名などをもって追号されることが多い。

たとえば第五十一代の平城《へいぜい》天皇という名称は、譲位後に移り住んだ旧都の平城京《へいじょう》にちなんでいる。また第六十代の醍醐《だいご》天皇は、その御陵の近くにある醍醐寺に、第六十二代の村《むら》上《かみ》天皇は御陵の村上陵に由来する。

追号にはほかに加後《かご》号というのもある。歴代の天皇の号には第七十七代の後白河《ごしらかわ》天皇や第九十六代の後醍《ごだい》醐《ご》天皇など、「後～」という号も多く、これはかつての天皇の号に「後」を加えたもので加後号という。たとえば、後醍醐天皇の号は醍醐天皇にあやかって付けられたわけである。なかには第百代の後小松《ごこまつ》天皇のように、以前に「小松天皇」という天皇が存在していないように思われるものもあるが、これは第五十八代光孝《こうこう》天皇の異名の小松天皇という名を元にしていたりする。

加後号をもつ天皇

平安時代
▶後一条・後朱雀・後冷泉・後三条・後白河
鎌倉時代
▶後鳥羽・後堀河・後嵯峨・後深草・後宇多・後伏見・後二条
南北朝時代
▶後醍醐・後村上・後亀山・後光厳・後円融・後小松
室町・江戸時代
▶後花園・後土御門・後柏原・後奈良・後陽成・後水尾・後光明・後西・後桜町・後桃園

古代に贈られていた和風と漢風の諡号

追号の最初となる平城天皇より以前は、ほとんどの場合、追号ではなく「諡号《しごう》」が奉られていた。諡号は追号と異なり、天皇個人を称える意味を込めている。生前の実名《じつみょう》は諱《いみな》といい、崩御後の諡号の「諡《おくりな》」は贈り名の意味である。

諡号には国風（和風）と漢風の二種がある。

神武《じんむ》天皇や応神《おうじん》天皇など、一般に天皇の号として知られている名称が漢風の諡号で、『日本書紀』記載の天皇の漢風諡号は奈良時代末の淡海三《おうみのみ》船《ふね》が定めたと伝えられている。したがって、『日本書紀』の原本には本来、漢風諡号は記入されていなかったが、写本には淡海三船の撰《せん》と思われる諡号が記され、今に伝えられている。

では国風諡号とはどういうものかというと、史料に諡号であることが明記された最初のものは第四十一代の持統《じとう》天皇で、『続日本紀《しょくにほんぎ》』によれば大宝《たいほう》三年（七〇三）に「大倭根子《おおやまとねこ》天《あめ》之広野日女《のひろのひめ》尊」という諡が奉られている。ただし、『日本書紀』の養老四年（七二〇）の条にはこの諡号ではなく、少し異なる「高天原《たかまのはら》広野《ひろの》姫《ひめ》天皇」の名が記され、これもやはり諡号と思われることから変更がなされたらしい。

持統天皇以前の天皇の場合、明らかに国風諡号としての趣きのある名もあれば、生前から使用されていたような、単なる地名のみの名もあって一様ではない。

たとえば第二十代の安康《あんこう》天皇は、

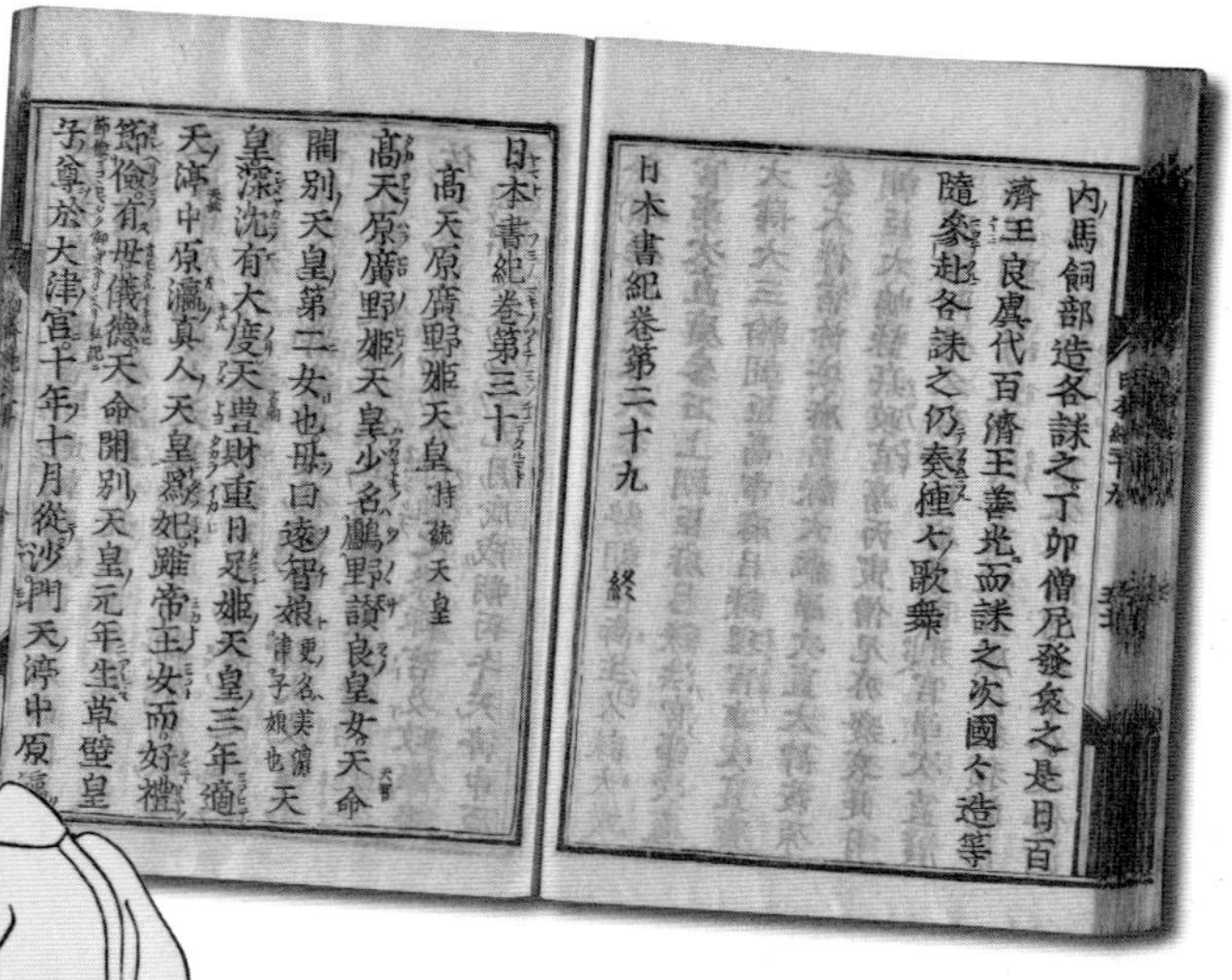

内馬飼部造各誅之丁卯僧尼發哀之是日百
濟王良虞代百濟王善光而誅之次國々造等
隨參赴各誅之仍奏種々歌舞

日本書紀巻第二十九　終

日本書紀巻第三十
高天原廣野姫天皇　持統天皇
高天原廣野姫天皇少名鸕野讃良皇女天命
開別天皇第二女也母曰遠智娘 更名美濃津子娘也 天
皇深沈有大度天豊財重日足姫天皇三年適
天渟中原瀛真人天皇爲妃雖帝王女而好禮
節儉有母儀徳天命開別天皇元年生草壁皇
子尊於大津宮十年十月從沙門天渟中原瀛

諡号が記された『日本書紀』の刊本

持統天皇の項。和風・漢風の諡号が書かれている（国立国会図書館蔵）

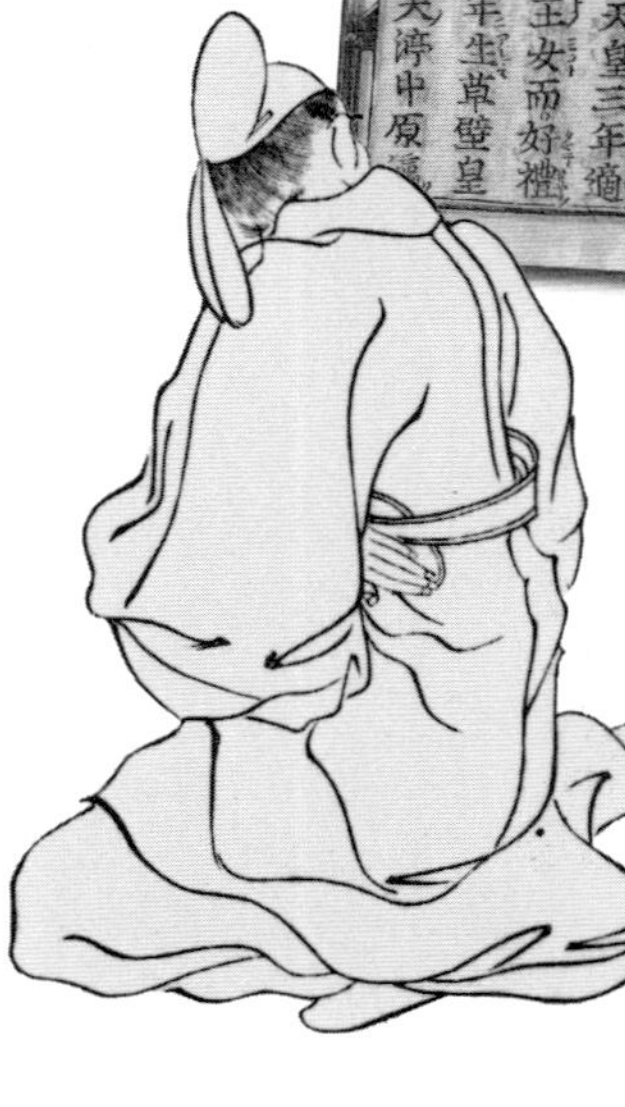

淡海三船（722～785）

大友皇子の曽孫。和漢の学問に通じ、『続日本紀』の編さんにもかかわったといわれる（『前賢故実』より。国立国会図書館蔵）

「穴穂《あなほ》天皇」の名で記され、穴穂とはこの天皇が国を治めた都の地名に過ぎない。また初期の天皇については実在性の問題から、崩御後に奉られた諡号と見なしていいかということもある。

ともあれ、広い意味で国風諡号とされているものは、たとえば神武天皇の場合は「神日本《かむやまと》磐余《いわれ》彦《ひこ》天皇」である。

国風諡号は持統天皇のときから見ればおよそ百五十年後、平安時代の初期には奉られることはなくなった。最後の国風諡号は「日本根子《やまとねこ》天璽《あまつみしるし》豊聡《とよさと》慧尊」といい、奉られたのは嘉《か》祥《しょう》三年（八五〇）に崩御した第五十四代の仁明《にんみょう》天皇である。

なぜ、明治時代に南朝は正統とされたのか？

のちに「熊沢天皇」を生んだ南北正閏論とは……。

吉野行宮跡の南朝妙法殿(金峯山寺)
京都を逃れ、南朝を立てた後醍醐天皇が行宮をおいた場所(奈良県吉野町。奈良県ビジターズビューロー提供)

近代に定められた天皇の数え方

今上天皇を第百二十五代の天皇とする代の数え方は、大正時代の末に決定された代数にもとづいている。長慶《ちょうけい》天皇を第九十八代として皇統に加えることになって、これにより現在の天皇の代数が定まった。

長慶天皇が生きた時代から五百年以上もたってようやく天皇と認められたのは、その即位が不明確だったからで、なぜ不明確だったのかといえば、著《いちじる》しく衰退していた南朝の天皇だったからだ。
第九十六代の後醍醐《ごだいご》天皇が鎌倉幕府と対立した結果、光厳《こうごん》天皇が即位。後醍醐天皇は隠岐《おき》へ流され、復帰して建武《けんむ》新政を開始するも足利尊氏《あしかがたかうじ》と対立して吉野へ向かい、新朝廷を樹立する。こうして光厳天皇（実質的には次の光明《こうみょう》天皇）に始まる京都の北朝と後醍醐天皇に始まる吉野の南朝が並び立ち、いわゆる南北朝時代となる。

最終的には北朝側の血筋で皇統は続いて現在に至るわけだが、北朝の五代と南朝の四代とのいずれの流れを正統な皇統と見なすのかについては、意見が分かれていた。これを「南北正閏論《せいじゅんろん》」といい、閏は「正統ではない位」を意味する語である。

たとえば北畠親房《きたばたけちかふさ》による『神皇《じんのう》正統記《しょうとうき》』では南朝側に立っており、これは親房が南朝側の人間だったからだ。同様に『本朝皇胤紹運録《ほんちょうこういんじょううんろく》』で南朝の天皇を歴代から外しているのは、北朝第五代の後円融《ごえんゆう》天皇の子、後小松《ごこまつ》天皇の下で編《あ》まれたからである。そして江戸時代に徳川光圀《とくがわみつくに》によって編集が始められた『大日本史』では、南朝が正統とされている。

結局のところ明治四十四年（一九一一）になって南朝が正統と認められ、これを決定したのはほかならぬ北朝皇統の明治天皇であった。

神器の所在で正統性を決める

ここにいたって明治天皇が勅裁《ちょくさい》を下すことになる大きなきっかけは、今の天皇は南朝の天皇を殺して三種の神器《じんぎ》を奪った北朝側の天皇ではないか、と幸徳秋水《こうとくしゅうすい》が裁判で発言したことにある。

明治天皇の暗殺を企てた社会主義者たちが逮捕され多くが処刑された大逆事件《たいぎゃくじけん》において、右の幸徳秋水の発言が知られると、正閏論はさらに活発になった。それで南朝を正統とする勅裁が下されたわけだが、この決定の大きな理由は、神器をどちら側が保持していたのかにあった。『大日本史』でもそれを根拠に南朝を支持している。

ただ、神器の所在については不明な点も多い。後醍醐天皇は吉野に逃れる前に神器を北朝の光明天皇側に渡しているのだが、後にそれは偽器だったとし、本物は吉野に帯同したと主張する。その後、南朝は第二代の後村上《ごむらかみ》天皇のとき一時的に勢力を強め、偽器という北朝の神器をなぜか接収し、ともあれ神器は偽器とされるものを含め南朝側にあった。そして南朝第四代の後亀山《ごかめやま》天皇のときに南北朝の合一がなされ、北朝側の後小松天皇に神器は移されることになる。

ちなみに現在の皇居賢所《かしこどころ》内には八咫鏡《やたのかがみ》を納めたという御辛櫃《おんからひつ》が二座あり、詳細は不明だが北朝と南朝が所持していた二座ではないかともいわれる。

熊沢寛道

自称天皇として世間を騒がせたが、東京地裁に「皇位不適格訴訟」を棄却された後は忘れられていった

途絶えた南朝の皇統と「熊沢天皇」

明治四十四年に南朝が正統とされたことにより、南朝の四代が皇統に入り、北朝の五代は外された（宮中三殿《さんでん》の皇霊殿《こうれいでん》における祭祀《さいし》などでは天皇と位置づけられる）。とはいえ、南朝が認められたのは後世になってからのことだ。南朝の皇統そのものは途絶え、南朝天皇の皇胤《こういん》を戴《いただ》くとされる後南朝も歴史の闇に消えてしまう。

第二次世界大戦に敗戦した直後、南朝の皇胤を自認する熊沢寛道《くまざわひろみち》という人物が当時の昭和天皇に退位を求め、自らが正統な天皇であると主張して世を賑わせた。いわゆる「熊沢天皇」である。敗戦という混乱した時代にさまざまな思惑が入り混じって利用されたところもあるが、北朝皇統のもとで二度と戻らない南朝の正統性が認められるという、ある種の矛盾めいた状況下ゆえに咲いた徒《あだ》花《ばな》というべきだろうか。

もちろん熊沢が本当に南朝の天皇を祖としていたとしても、皇位継承権がないことはいうまでもない。

皇位継承略図

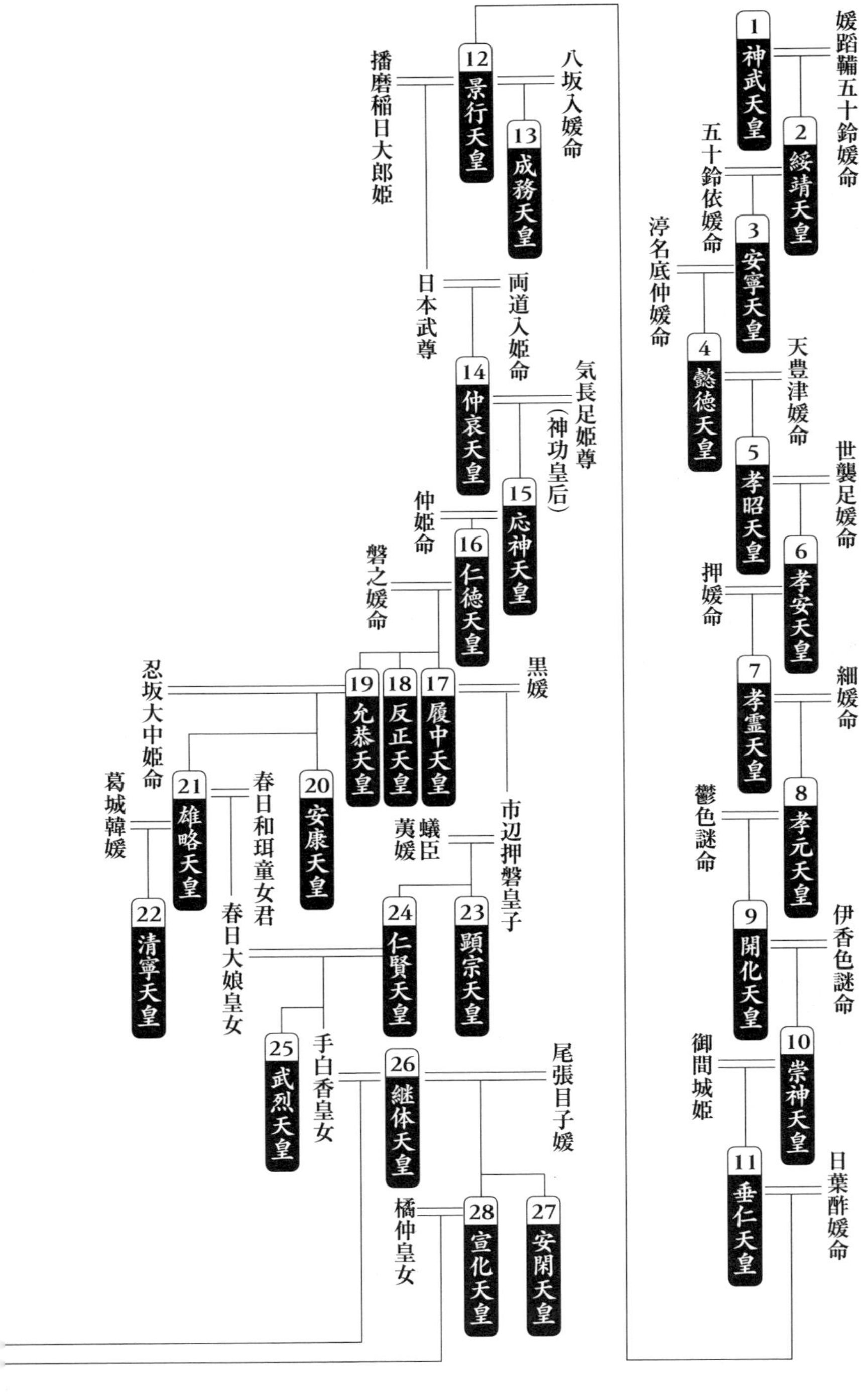
1 神武天皇
媛蹈鞴五十鈴媛命
2 綏靖天皇
五十鈴依媛命
3 安寧天皇
渟名底仲媛命
4 懿徳天皇
天豊津媛命
5 孝昭天皇
世襲足媛命
6 孝安天皇
押媛命
7 孝霊天皇
細媛命
8 孝元天皇
鬱色謎命
9 開化天皇
伊香色謎命
10 崇神天皇
御間城姫
11 垂仁天皇
日葉酢媛命
12 景行天皇
八坂入媛命
播磨稲日大郎姫
13 成務天皇
両道入姫命
日本武尊
14 仲哀天皇
気長足姫尊（神功皇后）
15 応神天皇
仲姫命
16 仁徳天皇
磐之媛命
17 履中天皇
黒媛
18 反正天皇
19 允恭天皇
忍坂大中姫命
20 安康天皇
21 雄略天皇
春日和珥童女君
葛城韓媛
22 清寧天皇
市辺押磐皇子
蟻臣
荑媛
23 顕宗天皇
24 仁賢天皇
春日大娘皇女
25 武烈天皇
手白香皇女
26 継体天皇
尾張目子媛
27 安閑天皇
28 宣化天皇
橘仲皇女

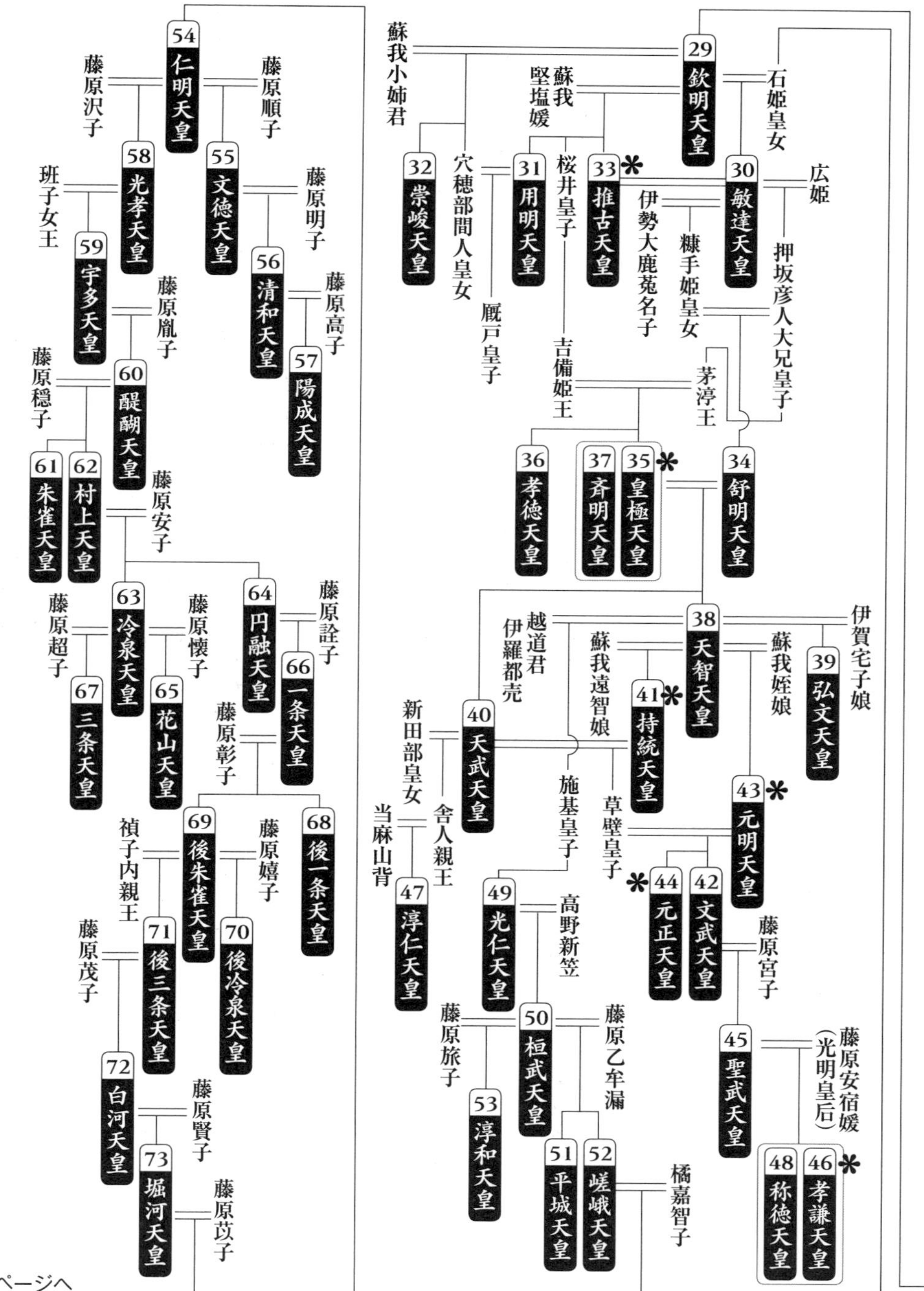
29 欽明天皇
蘇我小姉君
蘇我堅塩媛
石姫皇女
30 敏達天皇
広姫
31 用明天皇
32 崇峻天皇
33 推古天皇*
穴穂部間人皇女
桜井皇子
伊勢大鹿菟名子
糠手姫皇女
押坂彦人大兄皇子
厩戸皇子
吉備姫王
茅渟王
34 舒明天皇
35 皇極天皇*
36 孝徳天皇
37 斉明天皇
38 天智天皇
越道君伊羅都売
蘇我遠智娘
蘇我姪娘
伊賀宅子娘
39 弘文天皇
40 天武天皇
41 持統天皇*
新田部皇女
舎人親王
施基皇子
草壁皇子
42 文武天皇
43 元明天皇*
44 元正天皇*
当麻山背
47 淳仁天皇
49 光仁天皇
高野新笠
藤原宮子
45 聖武天皇
藤原安宿媛（光明皇后）
46 孝謙天皇*
48 称徳天皇
50 桓武天皇
藤原旅子
藤原乙牟漏
53 淳和天皇
51 平城天皇
52 嵯峨天皇
橘嘉智子
54 仁明天皇
藤原沢子
藤原順子
55 文徳天皇
58 光孝天皇
班子女王
藤原明子
56 清和天皇
藤原高子
57 陽成天皇
59 宇多天皇
藤原胤子
60 醍醐天皇
藤原穏子
61 朱雀天皇
62 村上天皇
藤原安子
63 冷泉天皇
64 円融天皇
藤原詮子
藤原超子
藤原懐子
66 一条天皇
67 三条天皇
65 花山天皇
藤原彰子
69 後朱雀天皇
68 後一条天皇
禎子内親王
藤原嬉子
71 後三条天皇
70 後冷泉天皇
藤原茂子
72 白河天皇
藤原賢子
73 堀河天皇
藤原苡子

次ページへ

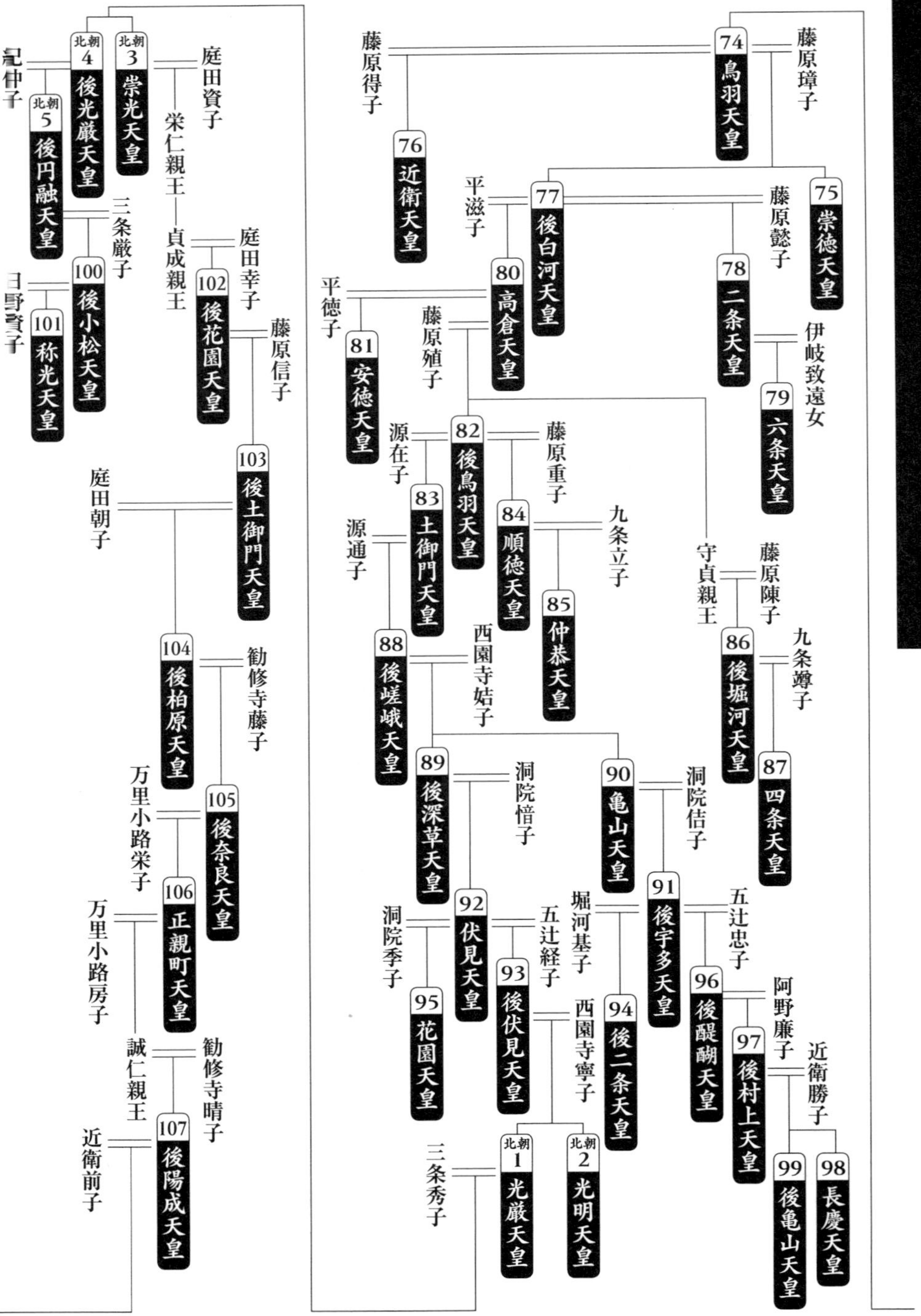

藤原璋子
74 鳥羽天皇
藤原得子
75 崇徳天皇
76 近衛天皇
藤原懿子
77 後白河天皇
平滋子
78 二条天皇
伊岐致遠女
79 六条天皇
80 高倉天皇
平徳子
藤原殖子
81 安徳天皇
82 後鳥羽天皇
藤原重子
源在子
83 土御門天皇
84 順徳天皇
九条立子
85 仲恭天皇
守貞親王
藤原陳子
86 後堀河天皇
九条竴子
87 四条天皇
源通子
88 後嵯峨天皇
西園寺姞子
89 後深草天皇
洞院愔子
90 亀山天皇
洞院佶子
91 後宇多天皇
五辻忠子
堀河基子
92 伏見天皇
洞院季子
五辻経子
93 後伏見天皇
西園寺寧子
94 後二条天皇
95 花園天皇
96 後醍醐天皇
阿野廉子
97 後村上天皇
近衛勝子
98 長慶天皇
99 後亀山天皇
三条秀子
北朝 1 光厳天皇
北朝 2 光明天皇
北朝 3 崇光天皇
庭田資子
栄仁親王
北朝 4 後光厳天皇
紀仲子
北朝 5 後円融天皇
三条厳子
100 後小松天皇
日野資子
101 称光天皇
貞成親王
庭田幸子
102 後花園天皇
藤原信子
103 後土御門天皇
庭田朝子
104 後柏原天皇
勧修寺藤子
105 後奈良天皇
万里小路栄子
106 正親町天皇
万里小路房子
誠仁親王
勧修寺晴子
107 後陽成天皇
近衛前子

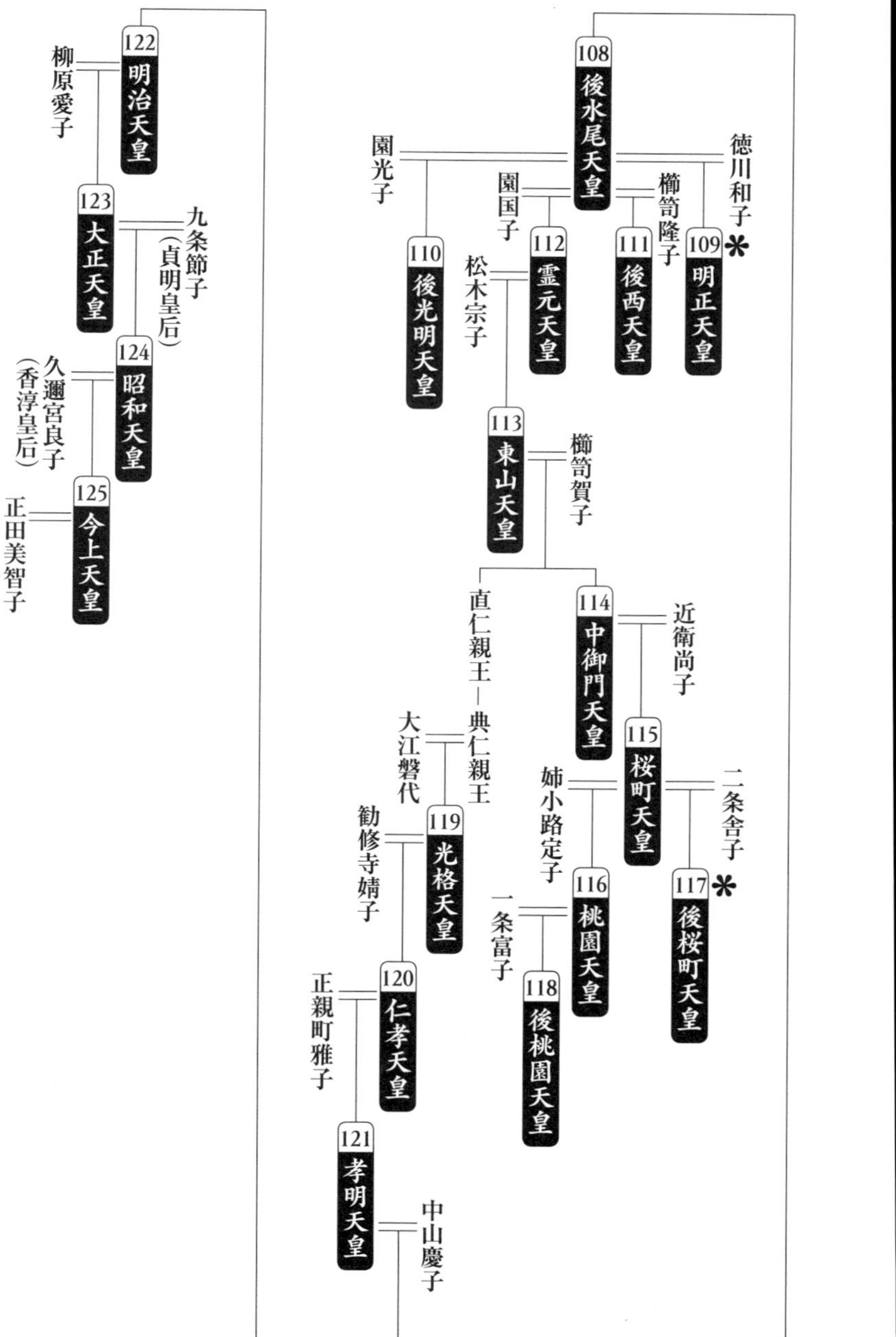

【凡例】❶図中の二重線は婚姻関係を示す。❷皇后・妃の姓は基本的に出身の家を表記。❸第37代斉明天皇は第35代皇極天皇の重祚、第48代称徳天皇は第46代孝謙天皇の重祚。❹図中の✻印は女性天皇を示す。

執筆者紹介

稲田智宏（いなだ・ともひろ）
1965年生まれ。慶應義塾大学文学部哲学科卒業。國學院大學大学院文学研究科神道学専攻。博士課程後期満期単位取得。著書に『伊勢神宮の謎』（学研）、『三種の神器』（学研M文庫）、『読みくらべ日本の神話』（新人物往来社）など。
p.142〜153

岩田慎平（いわた・しんぺい）
1978年生まれ。京都教育大学教育学部卒、佛教大学大学院文学研究科修士課程修了、関西学院大学大学院文学研究科博士後期課程修了。博士（歴史学）。立命館大学非常勤講師。専攻は日本中世史。著書に『平清盛』（新人物往来社）がある。
p.76〜112

遠藤明子（えんどう・あきこ）
1970年生まれ。戦国史研究会会員。著書に筆名の井上渉子名義で『乙女の平家物語』（中経出版）、共著に『世界帝王事典』（新紀元社）、『センゴクバトル歳時記』（講談社KCデラックス）、ほかにTVドラマ「戦国★男士」考証なども務める。
p.70（第57代陽成天皇）〜73、p.113〜121（北朝5代後円融天皇）

後藤致人（ごとう・むねと）
1968年神奈川県生まれ。東北大学文学部史学科卒業。東北大学大学院国際文化研究科アジア社会論講座博士課程後期満期退学。同年博士の学位取得。愛知学院大学文学部教授。専攻は日本近現代史。著書に『昭和天皇と現代日本』（吉川弘文館）、『内奏——天皇と政治の近現代』（中公新書）など。
p.128〜139

瀧音能之（たきおと・よしゆき）
1953年生まれ。日本史学者。駒沢大学教授。著書に『覆された古代日本史』（青春文庫）、『古事記と日本書紀でたどる日本神話の謎』（青春新書インテリジェンス）、『古代出雲を知る事典』（東京堂出版）など。
p.16〜24

田中 聡（たなか・さとし）
1962年生まれ。ノンフィクション作家。著書に『美しき天然』（バジリコ）、『怪物科学者の時代』（晶文社）、『妖怪と怨霊の日本史』（集英社新書）、『ことば日本史』（幻冬舎）など多数。
p.74、p.140

中村修也（なかむら・しゅうや）
1959年和歌山県生まれ。文教大学教育学部教授。筑波大学大学院博士課程単位取得修了。京都市歴史資料館勤務を経て、現職。専門は日本古代史、茶道史。著書に『白村江の真実 新羅王・金春秋の策略』（吉川弘文館）、『天智朝と東アジア 唐の支配から律令国家へ』（NHK出版）、『利休切腹』（洋泉社）など多数。
p.26〜58

西沢教夫（にしざわ・みちお）
1961年長野県生まれ。ノンフィクション作家。おもな著書に『あなたの知らない日本史の裏話』（新人物文庫）、『上海へ渡った女たち』（新人物往来社）など。
p.4〜11

古川順弘（ふるかわ・のぶひろ）
1970年生まれ。早稲田大学第一文学部卒。宗教・歴史分野の執筆・編集を行う。著書に『地図とあらすじで歩く「古事記」』、『古事記と王権の呪術』（コスモスライブラリー）など。
p.59〜70（第56代清和天皇）

結喜しはや（ゆうき・しはや）
京都市生まれ。幕末明治研究家・紀行作家。神戸学院女子短期大学卒。おもな著書に『新選組一番隊 沖田総司』『写真でみる みんなが好きな京都今昔物語』、編著に『総図解シリーズ よくわかる幕末維新』（いずれも新人物往来社）など。
p.121（第101代称光天皇）〜126

歴史REALブックス

歴代天皇125代の謎

2016年5月23日初版発行

編　者　歴史REAL編集部

発行者　江澤隆志
発行所　株式会社洋泉社
東京都千代田区神田駿河台2-2
郵便番号　101-0062
郵便振替　00190-2-142410(株)洋泉社
電話番号　03-5259-0251
印刷・製本所　サンケイ総合印刷株式会社
装　丁　黒岩二三[Fomalhaut]
本文組版　ニッタプリントサービス

ISBN 978-4-8003-0946-4　Printed in Japan
洋泉社ホームページアドレス　http://www.yosensha.co.jp